世界中の上司に怒られ、
凄すぎる部下・同僚に学んだ
77の教訓

新人からベテランまで
すべての段階で差をつける

最強の働き方

ムーギー・キム

ベストセラー『世界中のエリートの働き方を
1冊にまとめてみた』『一流の育て方』著者

東洋経済新報社

はじめに

「頭のIQや学歴」より大切な、「仕事のIQ」を高めるには?

──世界中で怒られながら学んだ、77カ条の教訓

「頭がいいというのと、仕事ができるというのは違うんだよね……。言うならば『仕事のIQ』というか……」

これはブルネイ・ダルサラームで私が尊敬する経営者、安元さん(仮名、52歳)と朝食をとりながら、さまざまな著名経営者の人物評をしているときに聞いた言葉である。

そこで話題となっていた某経営者は、東大法学部を出て著名校のMBAをとって、名だたる企業で活躍してきたかのように見える典型的なエリートキャリアの人物だ。

しかしよく見ると彼は「何も達成」しておらず、すべての職場を1~2年で解雇され

てきたというのだ。

思えば、このように**学歴・経歴が立派なわりに、何も成し遂げていない人というのは結構多い**。読者の皆様の職場を見渡しても、きらびやかな学歴や経歴のわりに、いまひとつ活躍していない、端的にいえば仕事のできない人は少なくないはずだ（お前はどうなんだ、という突っ込みはさておき）。

逆に世の中には別に有名な大学を出ているわけでもなく、むしろ大学も出ていないのにビジネスで非常に成功し、周囲からも「最高水準の仕事をしている」と称されている一流（ファーストクラス）のプロフェッショナルも数多く存在する。

勉強ができるかどうかを示すＩＱと、一流の仕事ができるかどうかを示す「仕事のＩＱ」は種類が違う──。このコンセプトが明確に浮かび上がってきたとき、私はこみ上げる興奮を感じ、朝食のオムレツをほおばりながらホテルのビュッフェ会場で小躍りした。

【本書の目的】

❖ 自分が選んだ道で、最高水準の仕事をする
――選ばれるエリートではなく、自分らしい天職を選ぶ

本書の目的を一言で書けば、自分が自己実現できる分野を選んで「一流（ファーストクラス）の仕事をするためにはどうすればいいか？」という問いに対して、読後に具体的な行動指針を得られるようにすることである。

もし一言ではなく、5点で要約することが許されるなら、以下の5章にまとめた77カ条の視点で、「働き方」や「生き方」の目線を上げることを目的としている。

第1章　一流の基本（Basic）
第2章　一流の自己管理（Discipline）
第3章　一流の心構え（Mindset）
第4章　一流のリーダーシップ（Leadership）
第5章　一流の自己実現（Self-realization）

「ファーストクラス」というのは、何も飛行機のファーストクラスに乗るごく一部の、いわゆるエリートビジネスパーソンや、歴代都知事の座席を指しているわけではない。

ここで意味するのは**業界を問わず、自分の選んだ分野で「最高水準の仕事をする一流のプロフェッショナル」**のことだ。

そして「自分にとっての最高水準の仕事をする」ための行動指針を、「基本」「自己管理」「心構え」「リーダーシップ」「自己実現」の5つの視点で浮き彫りにし、実際に具体的な行動に落とし込む支援をすることが、本書の目的である。

本書で書かれている77カ条の教訓は、学歴やIQのよさにかかわらず、誰でも取り入れられる基本的かつ具体的なものばかりを厳選している。言い換えれば、IQや学歴が高くても、コレができない人はいい仕事ができない。逆にコレができる人は、IQや学歴が特別高くなくても、最高水準の仕事ができるのだ。

当然のことながら、ベストな働き方は諸々の個性や環境によって変わってくるので、どのような本に書かれた内容であろうと、そのままマネしたらいいというものではない。

本書で書いた77カ条を自分自身に当てはめて深く咀嚼し、ご自身に合ったものを取り入れていただくことが、著者の願いである。

【本書の特徴】世界中のあらゆる職業で重視される「一流の基本」を、一冊に凝縮

【特徴1】世界中で怒られ、説教され、感心してわかった一流の基本

本書は、私個人の我流の働き方を書いているわけではない。私が世界中の一流のビジネスパーソンに怒られ、説教され、また感心してきた「働き方」や「生き様」で、多くの人が実践していることを、一冊にまとめたものである。

私がシンガポール、香港、フランス等で一緒に過ごしてきた「世界標準で仕事のできる一流のプロフェッショナルたち」から学んだ示唆に富む教訓を、包括的・体系的に書いている。

私はこれまでプライベート・エクイティ、公開株資産運用、コンサルティング、投資銀行、海外MBAなどで非常に幅広い分野の優秀なプロフェッショナルと接してきた。これらのキャリアの一つひとつで多様な業種のクライアントやビジネスパートナ

ーと働くことになるため、私は金融やコンサルに限らず、極めて多様なあらゆる業界の人々と一緒に働いてきた。

本書で書く教訓は、具体的な状況をイメージするために一人ひとりの個別シーンを描いている。しかし実際には、これら幅広い業界の一流のプロフェッショナルに共通する「一流の仕事の基本」を選定している。

誤解のないように申し上げておくと、「最強の働き方」という本を出すからといって、私自身はまったくもって凄くない。しかし、私に本書で記す珠玉《しゅぎょく》の教訓の数々を授けてくれた方々は本当に素晴らしい、みなさんにぜひとも出会っていただきたい一流のグローバルプロフェッショナルたちなのである。

マッキンゼーなど外資系エリート社員の働き方を、誇らしげに上から目線で書く本は多い。しかし自分が世界中で怒られ説教されてきたことや、尊敬する同僚の生き様を一冊にまとめた本は、これまで皆無であろう。

【特徴2】「雲の上の理想」ではなく「坂の上の現実」

第二の特徴は、「自分に関係が深いこと」として読める、キャリアステージごとの具体性・現実性の高さだ。遠い未来の「浮世離れしたトップリーダーの精神論」ではなく、すぐに実行に移せる「具体的な目標とアクションプラン」を一冊にまとめている。

著名学者やカリスマ経営者の本は、ともすれば「雲の上の理想」になりがちだ。しかし本書は、新入社員だろうが部長だろうが社長だろうが、すべての人の射程圏内にある「坂の上の現実」を具体的に綴っている。

世の中のビジネス書の中には、優れた経営者になるためのリーダーシップの本も少なくない。しかし、実際のところ、松下幸之助やビル・ゲイツを目指すより、立派な平社員・仕事のできる課長・尊敬される部長を目指している人のほうが大半なのである。

副題に「凄すぎる部下・同僚に学んだ77の教訓」と入れ込んだのにはそうした理由

がある。
本書は優れたリーダーを目指す段階の人から、まずはデキる平社員・課長・部長を目指す段階の人にも幅広く、「自分のこと」としてお読みいただくのを目的としている。

ビジネスパーソンとしての基本に関心がある方には第1章と第2章を、すでに中堅社員となり、一流のビジネスパーソンになる過渡期にいる方には第3章を、いわゆるエリート社員にとどまらず会社のリーダーとなり、より高みを目指す方には第4章を、仕事のためのキャリアステージは卒業し、仕事を超えた自己実現を求める段階になった方には、第5章をお読みいただければ幸いである。

すでに重厚なキャリアをおもちの方々にとっては、本書の前半は「初歩的すぎる」内容が多いかもしれない。
しかし章を追うごとにどんどん目線は高く、内容は深くなっていく。くれぐれもご自身のキャリアステージに合致した章を優先的にお読みいただくようお願いしたい。

【特徴3】誰でも実践できる内容ばかり

第三の特徴は「誰でも実践できる」という「汎用性・実践性の高さ」である。本書は、あなたの職場がマッキンゼーだろうが、ゴールドマン・サックスだろうが、はたまた地方の中小企業だろうがお役所だろうが、多くの組織に当てはまる、実践的な具体論にこだわっている。

本書から得られる教訓の数々は、極めて多様な職業で通用する、本質的なものばかりだ。

個人の特殊な能力や特殊な業態に根差した仕事術を書いても、「ふーん、凄いですね」で終わってしまう。**「マッキンゼーではこうしている」「ハーバード流はこうだ」といわれても、食傷気味の人も多い**のではないか。多くの読者の方にとって行動に移せるポイントがなければ、役に立つ行動指針とはいえない。

私は一つひとつの教訓を、その普遍性を確かめながら世界各地を回って書いてきた。パリやアブダビの立派なホテルで投資家会議に参加しているときも、ムンバイの世界最大のスラム街の中の小道を歩いているときも、「この人たちが読んでも、はたして意味があるだろうか?」と自問しながら何度も書き直してきた。

そして「福井県の建設会社で働く事務員さん」や「京都で不動産業を営む親戚のおじさん」を想像しながら、「はたして本当に、汎用性が高く、古くならない『一流の本質』を書けているか?」と厳しく自問しながら書いてきた。

何度も何度も推敲しながら、「一部の凄すぎる天才や超富裕層だけができること」は本書から省き、世界各地で一行一行の「普遍性と実践性の高さ」にこだわって書き綴ってきたのだ。

本書は、よくありがちな**「特殊な才能の持ち主か、恵まれた環境下だからこそできた個別論」を「あたかも一般法則のように押し付ける」というたんなる読み物で終わらない**ことをここにお約束しよう。

❖ 読みやすさへの徹底したこだわり

本書は、楽しく読めるように「読みやすさ」にも徹底的にこだわった。というのも、世の中には聡明で立派な人が素晴らしい内容を書いているのに、いかんせん、小難しくて読む気がしない本も少なくないからだ。
私が遠く及ばない尊敬する同僚や上司、時には優秀な部下から得た教訓を、小難しい抽象論ではなく、物語・会話形式で強い臨場感をもってお読みいただけるよう腐心した。

また、各ストーリーの本質を描いたイラストをふんだんに掲載することで、一度見たら頭から離れない「記憶の残りやすさ」にもこだわった。しかも内容を覚えやすく、再確認しやすいよう、各章の冒頭で要約を、また各章の最後にポイントをまとめた復習チェック項目も用意した。

本書はその内容も当然のことながら、文章の細部、句読点の一字一句に至るまで、すべて私自身がこだわり抜いて書き綴ったものだ。
「読みやすい表現へのこだわり」は、本書をビジネス書ではなく文芸書に分類して、イグ・ノーベル文学賞か何かをもらいたいほどである。

本嫌い・ビジネス書嫌いにも読んでほしい一冊
――ビジネス書嫌いの著者が書く、お得な一冊

私は、書店へ行くたびに圧倒される。それにしても同じような本が大量にあるから、そもそもどれを選んでいいのかわからず、本を買う前に戦意を喪失してしまうのだ。

みなさんは多くの書籍に関して、ひょっとして次のように感じているのではないだろうか。

- 多くのビジネス書や自己啓発書には、ありきたりかどうでもいい話が、小難しくもったいぶって書かれている
- 内容に優先順位や構造がなく、雑多なトピックが論理性を無視してちりばめられている
- 著者の個人的な経験をあたかも一般論であるかのように、命令調で上から目線で押し付けている
- 同じ著者が同じような内容の本を、ライターさんにお願いして何冊も乱発して

いる

●帯コピーには、「1万人のクライアントと会ってわかったこと」「この一冊で人生が変わる」「たった3時間ですべてがわかる」「99％のことがわかる、1％の秘訣」など怪しげな言葉が「これでもか」というほど躍っている

●見かけは200ページあるが、空白だらけで中身がない

●立ち読みした出だしだけ面白くて、中身はかなり微妙

●本の数が多すぎて、何を選ぶべきなのかわからない。ただ、売れているからといって「よい本」とは限らない

●重要な教訓が包括的に一冊にまとまっていて、何度でも読み返す価値のある本がほしい

本書は、このような問題意識に根差して執筆されている。

ただでさえ忙しい読者の方々が、せっかく手にとってくださった一冊である。敬意の念を抱き、「読者に対してベストを尽くした本」でなければ、そんな読者の方に対して失礼なはずだ。

また「世の中にどうしても出したい」という情熱や付加価値がなければ、出版社に

も取次（卸問屋）にも書店にも、はたまた紙の材料になったジャングルの森林にも土下座して謝らなければならない、とさえ思っているのだ。

本書は、**ビジネス書に期待を抱かなくなった人や、また「仕事ができない人に限ってビジネス書を読み漁る」などとシニカルに考えている多くの人にも満足していただけるよう、「読者の方のお得感」にこだわってつくられている**。

2年以上の歳月をかけ世界各国を訪れ、世界中のネットワークと長年のキャリアで培った教訓を一冊にまとめている。また380ページに迫る通常の本の倍の分量で、カラー・イラスト付きで作成しつつ、値段は普通の本とほぼ同じである。「100万部は売れるから」という壮大な皮算用に基づき、編集担当の中里有吾氏に「これ以上、誰も気づかないこだわりに、お金をかけないでください」と懇願されながらつくり上げた一冊なのだ。

私は約束しよう。本書は私が2年以上の歳月をかけて書いた一冊入魂の著書であり、長年のグローバルビジネス経験からの教訓を、極限まで凝縮したものであることを。

そして表現の一つひとつにこだわり、接続詞から句読点の一字一句に至るまですべてこの私が、タイピングの力が強くてついに0の文字が壊れてしまった東芝のパソコンで、書き綴ったものであることを。

本書の対象読者層
プロフェッショナルの「仕事の基本」を学ぶ、研修教材決定版
――新入社員から経営陣、起業家、学生から退職者の方まで広範な対象読者層

本書は、ビジネススクールに行く前に必ず読んでほしい本である。

しかし、ビジネススクールに行ったあとでも読んでほしい。

そして、ビジネススクールに行く気がなくても、必ずや読んでほしい一冊である。

結局のところ全員に読んでほしい本ということだが、とくに以下の方々にお読みいただければ幸いだ。

＊いくらためになる本でも、面白くなければ絶対に読む気がしない
＊内心、学歴やIQと、仕事の能力は関係ないと思っている
＊一流のビジネスパーソンが皆実践している、「仕事の基本」を全部知りたい
＊キャリアや就職・転職活動で、じつは自分が何をしたいのかわからない
＊一流のビジネスパーソンの大半も悩んでいる、自己実現の方法を考えたい
＊世界一流の職場で上司に怒られること、説教されることを先取り学習したい
＊よい上司に恵まれず、職場で成長の実感がなく焦っている
＊自分の競争優位を失わないため、質の高い勉強を継続したい
＊人を動かし、周囲からの信頼と支援を受けたい
＊社会に選ばれるエリートより、自分で人生を選ぶリーダーとして生きたい
＊一度しかない人生、年齢に関係なく、新しい挑戦をしたい
＊大切な人に贈ってあげるビジネス書・啓発書を探している
＊効果的に社員研修・ビジネス研修を行いたい

本書は、**新人・中堅・ベテランを問わず「ビジネス研修・社会人研修の教科書」として最適な一冊**に仕上がっている。

あらゆる職業で、上司が部下に伝えたいこと、将来注意するであろうこと、叱るであろうこと、アドバイスしたいことの中で、とくに重要なことが包括的に収められているのだ。

本書からは向こう数十年のキャリアで学んでいく重要なビジネス上の教訓の多くを、先取りして学んでいただけることであろう。

また管理職や指導的なポジションにいる方々にも、優れたリーダーになるうえで大きな示唆を与える内容に仕上がっている。**本書には部下が上司に望んでいること、尊敬できる上司の共通点も数多く詰まっている**のだ。

将来ないし現在、起業を考えている人や、就活中の学生さんや定年退職された方を含め、自分が本当にやりたいことは何かを考えているすべての人にとっても、重要な示唆を与えるはずである。

なお逆に、本書を読んではならない人もいる。

「この一冊を読むだけで、人生が変わる」や「目新しいことばかり書かれている」「自分にすべて当てはまっている」本を追い求めている方は、本書を買ってはならないし、

〝アマゾン〟川流域で大暴れしてもならない。というのも、そんなユニコーン本は存在しないからだ。

「最強の働き方」の教科書
――目新しさより、優先順位の高い本質と包括性

本書が「働き方の教科書」として重視しているのは「優先順位の高い本質」と「一冊にまとまった包括性」だ。

「ビジネス書」に「目新しさ」や「誰でも振れる打ち出の小槌」だけを求めても無駄であることは、賢明な読者のみなさんならお気づきであろう。

本書は、奇をてらった目新しいが的外れなことを紹介するのではなく、優先順位の高い本質が見事に一冊に収まっているという包括性にこだわった本である。

私が思う「よい本」とは、目新しい情報を伝えるだけのものではない。単発の面白さだけでなく、本質と包括性が必要だ。

また自分が実践できるかどうかという現世利益に加え、新しい世界を見せるという

役割も担うべきだ。

それと同時に、頭だけでなくハートを動かす感動、そして忘れさせない仕掛けをどれだけ入れられるかに、「よい本の本質」がかかっている。


そんな中、本書では現実離れした精神論・学術論ではなく、世界中の一流のプロフェッショナルの実際の働き方や生き様から、「本当にビジネスでの成功と自己実現のために必要な、優先順位の高い基本と具体論」を、直感に訴える形で数多く紹介している。


ビジネススクールで「モンテカルロシミュレーション」を学ぶより、メールを一瞬で返したほうが出世は早い。マーケティングの4Pでぶつぶつチャートをつくるより、目線を高くして、顧客の期待を上回る心構えをもつほうが大切だ。

そしてDCFやリアルオプションを学ぶより、白板の使い方やピラミッド構造のメモのとり方を学んだほうが、はるかに最強の働き方に近づくのである。

最後はエリート企業で出世競争に明けくれるより、自分は何が好きで何が得意なのかを自問するほうが、人生はよほど豊かになる。

本書の内容は極めて本質的なので、定期的に何度も読み返す「働き方と自己実現」の教科書として、末永く愛読していただければ幸いだ。

また本書は、「私自身の大切な人々に贈ってあげたい本を書こう」という想いで執筆されている。よって読後に、家族や友人、同僚、後輩、上司の方々を含めた、皆様にとって特別な方々と共有していただければ、著者冥利に尽きるというものである。

それでは、本書が向上心溢れる読者の皆様の一助どころか、二助、三助になることを祈念しつつ、あなたの「最強の働き方」を探る旅にともに出発したいと思う。

［目次］最強の働き方――世界中の上司に怒られ、凄すぎる部下・同僚に学んだ77の教訓

第1章

一流への道は一流の基本から
——知らない秘策より、知っている基本の完成度

第2章 一流の自己管理……099
――一流への道は生活習慣から

第3章 一流の心構え（マインドセット）

——一流と二流の間にあるもの

第4章

一流のリーダーシップ
――まわりから支えられる人はココが違う …… 225

第5章 好きな仕事を全部する

【好きなことをする】

強みを活かす

使命感を活かす

【周囲を巻き込む】

ビジョンを掲げる

組織をつくり込む

【自由に生きる】

捨てる勇気をもつ

自由に挑戦する

第1章

一流への道は一流の基本から

——知らない秘策より、知っている基本の完成度

「この人、いつまでグラスを磨いてるんや……」

これは私がよく行くお気に入りのバーのカウンターに立っている橋本律子さん（仮名、35歳）の、それはそれは見上げた仕事ぶりを見て、思わず出た一言である。

彼女はそれにしても丁寧に丁寧にグラスを磨きつづけている。ライトに何度も照らして水滴の跡や手垢がついていないか、ダイヤモンドの鑑定技師かと思わせる真剣な目つきで、グラスを磨きつづけている。

「これ以上磨くとガラスが発火して爆発し、辺り一帯に山火事が起こるのでは？」と思わせるほど、地道な基本作業に全身全霊を傾けて打ち込んでいるのだ。

これはほぼ例外のない真実だが、一流のお店は食器の一つひとつが凄まじく清潔だし、テーブルやカウンターはもちろん、店内の隅々まで塵ひとつない。トイレもこれでもか、というくらいきれいである。そしてこのような「基本を徹底的に大切にする姿勢」は、

どのような業界の一流にも共通しているのだ。

たとえば、私が諸事情によりよく行くディズニーランドの話だが、園内には本当にゴミひとつ落ちておらず、スタッフのみなさんはかなり高い確率で笑顔かつ親切だ。

これはスターバックスの店員や、リッツカールトン、フォーシーズンズの従業員など、価格帯を問わず一流のサービスを提供する企業に共通した基本である。

みなさんが大好きな格闘技を見ても、大横綱は足腰と体幹がしっかりしていて、重心がどっしりと低いし、ボクシングのチャンピオンを見ても、基本的なフットワークからして他を寄せつけない。

どんな職業でも一流の仕事とはつまるところ、一流の基本の積み重ねなのである。

それでは、会社や学校に通う私たちに共通する、誰にでも当てはまる仕事の基本とは何だろうか？

私たちにとっての磨き込んで輝かせるべきグラス、つまり毎日の仕事の基本作業は、たとえば一つひとつのメールであり、毎日つくる資料であり、日ごろ行っているプレゼンである。

本章では、以下の「基本中の基本作業」の完成度を高めることを目的にしている。

【書く】
1 メールの書き方
2 メモのとり方
3 資料づくり

【話す】
4 話し方
5 プレゼン

【整理する】
6 整理整頓

書く・話す・整理する——これらは不要な環境を探してくるのがほぼ不可能なほど、一見ありきたりな基本である。しかし基本とは普遍的だからこそ基本であり、目新しさを求めてもまったく意味がない。

「気づかなかった基本、知らなかった仕事術」を求めて書店をさまよっている人がいるが、**大切なのは、知っているのだが身についていない「本当に大切な基本」への納得度と目線を高め、これらを確実に実行に移す**ことなのだ。

たとえば一流の人のメールを見ると、明晰なその頭脳が見事に文章にあらわれ、論理が明確で、カテゴリーとポイント、アクションプランが整理されている。

メモひとつ比べてみても、一流のプロフェッショナルは誰よりも漏れがなく、論理的なピラミッド構造でカッチリとまとめている。資料ひとつにしても、一流の人は簡潔で短く、それでいてメッセージは明確でパワフルな資料をつくる。

彼らは話すときも落ち着いた低めの声で、ゆっくりとしっかりと話す。またプレゼンをするときも論理と情熱を絶妙に組み合わせ、何が言いたいのか、論理的にも感情的にも明らかなのだ。

加えて彼らの動きには無駄がなく、何事も整然と整理しており、何かを取り出すスピードは誰よりも速い。

よく「一流とそうでない人の違いは何ですか?」と聞く人がいるが、**一流の人はなにも「目新しい、聞いたことのないウルトラCを実践している」わけではない**。

誰も知らなかった秘宝など存在せず、そもそもこれら、既知の基本の一つひとつの達成度に、大きな差がついているのだ。

それでは汎用性が極めて高く、かつ深淵な意味のある「ファーストクラスの働き方の基本」をめぐる、インスピレーション溢れる旅に出かけよう。

最強の働き方
1

【書く】メールの書き方

できる人ほどメールは即リプライ
――一流の人は「できる仕事」を、すぐやる

「うわっ、もうメールの返事が来とる……。ほんま息つく暇もなく、メールが返ってくるわー。こっちも負けてられへんで！　あっちがビビるくらいのスピードでメールを打ち返したるさかい、待っとれよ―――！！！」

仕事ができる人のメールの特徴で真っ先に思い浮かぶのは、なんといっても返事が速いことである。

じつはこの本を東洋経済で担当してくれている敏腕編集者の中里有吾氏もそうなのだが、メールを打てば卓球のピンポン玉並みに瞬時に返ってくる。

仮に忙しくて即答できない場合でも、「メールありがとうございます。いまXXの理由ですぐに見ることができませんが、○○日までに熟読して返信します」と、いつ

ごろに返答できそうなのかを迅速に知らせてくれるのである。

メールへの返事が遅いと「相手から軽視されているのかな……」と不信が募るものだし、返事がなかったりすると、「失礼な人だな」という印象が残り、そんな小さなこと一つひとつが相手に対する感情や評価を大きく左右する。

とりわけ上下関係（年齢的な）を重んじる上司や年長者の場合、若者や後輩からのこの手の非礼で憎悪を燃え上がらせることは少なくない。

誰かに会ったあとの「お会いできて光栄です」メールも、相手が送ってくる前にこちらから先制攻撃で送るのが基本だ。「お礼の賞味期限は短い」とは、よくいったものである。できればその日のうち、遅くても翌日に「取り急ぎお礼まで」と送ることで、メールの威力も格段にアップする。

人に会ったあとにお礼メールを先にもらってしまったら、心の中で白旗を上げて敗北宣言をし、次こそは「先制お礼メール」を発射することにしよう。

❖ メールの返信速度で、仕事能力全体が判断される?

たかだかメールの返事のスピードくらい、と思ってはならない。これは一事が万事で、**「いまできる仕事はすぐ片づける」習慣の有無が、メールの返信速度ひとつに如実に反映される**のだ。メールの返信速度が遅い人は、仕事の進捗もたいてい遅く、デッドラインも破りがちで、どんな仕事でも結局後回しにする習性があるものである。何かと集中力や責任感があり、重要な仕事を任され、相手の気持ちを汲んで仕事ができている人は、総じてメールのスピードも速い。そして実際の話、メール一本でその他多くの仕事能力が想像されてしまうのだ。

親愛なる読者のみなさん、思い立ったが吉日、いまはこの本を読んでいる場合ではない。いますぐこの本を本棚のいちばんいいところに戻して、返信せずに溜まっているメールにすぐに返事を書こう。

誰かからメールをもらったら、「自分は卓球の世界選手権に出場中」だと暗示をかけて、福原愛選手のように「サーッ!」と叫んで、返信しようではないか。

メールを瞬時に返すことには、いまある仕事を後回しにしない自制心、何事も締め切り寸前ではなく前倒しで行う自己規律、そして相手への敬意や配慮の有無など、**仕事の生産性の高さにまつわるすべてがあらわれてしまう**のだ。

最強の働き方 2

メールの文字数をリストラせよ

――無駄のない、効果的なコミュニケーションにこだわる

「ムーギー、メール、とくに英語のメールは同じ内容を半分の文字数で書くように心がけて。英語は重複や下手な表現がすごく目立つ言語だから」

私も駆け出しのころは、何度もそう指導されたものである。

とくに英語は文章の構造が日本語に比べて明確なので、仕事能力の高い人たちは不要な重複表現を排除することに全神経を注ぐ。仕事ができる人に限って短く明快なメールを、前述したように一瞬で返してくる。時間をかけて無駄に長いメールを返して

くる二流の人とは対照的だ。

これはメールに限った話ではないが、**簡潔な文章を書けるだけで、かなり出世するもの**である。思い返せば、ハーバードやオックスフォードで文学を専攻していたようなアメリカ人、イギリス人上司に英語で書いたドラフトを送ると、いつもものの見事に半分か3分の1くらいの分量になって、簡潔で論理的で思慮深い文章に変身して返ってきたものだ。

米国の某著名MBA入試の推薦状を友人のために書いたときも、「この人は簡潔な文書を作成してコミュニケーションできますか?」という項目があったものである。こう考えれば外資系多国籍企業の大ボスには、意外と経済学部でなく文学部や哲学部出身者が多いのも偶然ではない。

こうした**「文章を短くすることへのこだわり」は仕事能力を大きく左右する**。

まずなんといってもお客さんは忙しい中、大量の書類に目を通すので、長い文章をじっくり読んでくれる時間などない。またそもそもメールは短くないと焦点がぼやけてしまい、それだけ肝心なポイントが忘れられやすくなる。

他人の作成した提案書を自分が読むことを考えても、そうではないだろうか。

100ページもある冗長な内容がびっしり書いてある提案書は、その努力の甲斐なく、そもそも相手に読まれない。

それに対し、**1枚くらいだが骨子がしっかりしていてポイントが明確な提案書は、読まれる率も覚えられる率も両方、確実に高くなる**のだ。

❖ 文章能力が、仕事能力を予測させる

ちなみに私がいままで働いてきた会社でも経営陣の幹部を見ると、偉い人に限って文章が簡潔で短く、論理的な構造が浮き彫りになっている。重複表現などが一切なく、それでいてポイントをはずさず、無駄のない、スリムでヘルシーな文章になっている。

「偉くなる人に限って文章が簡潔でうまい」という仮説を私が働く業界の大物に話してみたところ、その人も**「文章能力は仕事能力の大きな部分を予測させる」**とおっ

しゃっていたものだ。

実際のところ、メール一本にも、その人の論理的思考力、論理的説明能力、語彙力、そして無駄と重複を省き、かといって必要なポイントははずさない「効果的なコミュニケーション能力」のすべてが、否が応にもあらわれてしまうのである。

さあ、みなさんもこれから書くメールは半分のサイズにして、文章の無駄な贅肉をカットしまくろう。贅肉だらけで内容の薄いブヨブヨな文章を、ライザップ（ダイエット・ジム）に送り込んでシェイプアップさせようではないか。

6つに割れた腹筋と鎖骨、そしてS字ラインのはっきり見えるような構造的でスリムな文章ひとつで、あなたの仕事のＩＱへの評価は大きく変わるのである。

最強の働き方
3
メモのとり方

できる人ほど、鉄壁のメモとり魔
――一流の仕事には「漏れ」がない

「この人、すっごい勢いでメモっとるな……」

若手時代から仕事のできる人は、とにかくにもメモをとるスピードが速い。

メモを完璧にとることは、仕事の安心感と信頼性を高めるうえで絶大な効果を発揮する。

そもそもお客さんに満足してもらうためには相手が話していたことを完全に把握しておくことが基本だし、上司に喜んでもらうためには自分がリクエストされたことを漏れなく把握しておく必要がある。

仕事ができて信頼される人というのは、「この人に任せておけば、言ったことは正確に理解され、漏れなく実行してもらえる」という安心感を与えるものだ。

伝説の経営者、ジャック・ウェルチが語る経営の基本は、情報の徹底した共有と、やると言ったことを実行することだが、議論が共有され、実行されるという安心感の基本にあるのが、「この人は聞き逃さず、きちんとメモをとっている」と思わせるメモとり力である。

上司やお客さんと会話をするときは、とにかく必死にメモをとろう。そして、「一言も聞き逃さないように万全を期しています、あなたの発言すべてが大切です」というメッセージを送ろう。

もちろん、それをあからさまにやりすぎると、意図が見え見えであざとくなってしまう。それでも、銀座のクラブの売れっ子ナンバーワンの女性並みに、自然さの演出に細心の注意を払って、「いまのお話、面白すぎるからメモをとらせてください」などとやると、その驚きの効果に、文字通り驚かれることであろう。

それほど重要でない内容でも、メモをとりながら聞くことで**「こんな与太話も尊重してくれている」とあなたの可愛げが何倍にも増す**からである。

なお、きちんとメモをとる習慣は、できる部下だけでなく、できる上司の共通点でもある。一見不思議なのだが、偉い人に限って、普通の会議や会話でも、気がついたことはすぐにメモに残す。これは「少しでも勉強になることは無駄にしない」または

「自分が時間を使った会話からは絶対に何かを学び、血肉に変えよう」というあくなき学習習慣のあらわれでもあろう。

メモをとらない部下ほど、憎らしい存在はいない

部下ができる年齢になると感じることだが、メモをまったくとらない部下ほど憎らしい生き物は世の中に存在しない。メモをとらない、または穴だらけの適当なメモを書いていると、仕事への真摯な姿勢が疑われかねない。

メモとりを舐めてはいけない。メモをとる力というのはほぼすべての業種、職種で求められる力なので、この基本をしっかり守るだけでかなり食べていける。メモを完璧にとり、チームと共有するといった単純な作業を完璧にこなすだけで、たいていの会社でソコソコやっていけるものだ。

メモひとつにも仕事への姿勢全般、とくに「漏れのない、鉄壁の注意力」があらわれることを肝に銘じよう。

さあ、これから会議に参加するときは、衆議院本会議の速記者も震え上がるくらい、猛スピードで会議のすべてをメモに残そうではないか。

もちろん、次項で書くようにメモが整理されているのが理想だ。しかし、その前にそもそも**重要なポイントがメモから抜けていない「漏れのなさ」に、仕事能力の万事があらわれる**のである。

最強の働き方

4

一流のメモは常にピラミッド構造
——論理的思考能力は、万事の細部にあらわれる

「この人のメモ、すっごいスピードで書いていたのに、完璧なピラミッド構造やな……」

どんな企業でもさっさと出世していく一流の人材に共通するのは、メモをとるとき、**たんに書き殴るのではなく、整然とした論理構造でメモを仕上げていく**ことである。

たとえばコンサルタントは論理的に説明するのが仕事なので、基本的には論理的に物事を整理する習慣がついている人が多い。その中でも特別に論理的思考に長けている人は、それはそれはすごいスピードで情報を整理していく。

私が感心することの多いベイン・アンド・カンパニーのとあるコンサルタントは、どんなミーティングでも、ものすごい勢いでいつもメモをとっている。

「そんなに私、メモをとりまくらなければならないほど、ありがたい話をしていたかしら?」と思いながらそのメモの中をちら見すると、方向性の定まらない、行ったり来たりしている話を、ものの見事に構造化しながら、完璧なピラミッド構造で情報を再編してメモに落とし込んでいるのだ。

私がダラダラとわけのわからない話をしていても、それを聞きながら情報をマトリクス形式で整理していく。時に私が自分自身でもよくわかっていないが言おうとしていることの本質を把握し、情報をすぐ引き出せるようにピラミッド構造にきれいに整理してしまうのだ。

❖ 構造化されたメモは、高い論理的思考能力の象徴

一流の人のメモは、それをワードに起こすだけでそのままミーティングメモとして通用するし、そのピラミッド構造に整理されたメモを部下に渡すだけで、立派なパワーポイントスライドに変換することも可能である。

結果的にミーティングの時間が無駄にならず、ミーティングが終わるころには話の要点とネクスト・ステップがまとめられていて、見事なミーティングメモが出来上がっている。

どんな仕事でも、とくに若いころはメモをとる役割が多く、会議が多い会社だとメモをとってそれを議事録に落としているだけで日が暮れることもある。だからこそ、**一つひとつのメモの論理性を高め、チームの生産性向上に貢献することが重要**なのだ。

さあ、これからメモをとるときは、3000年前のツタンカーメンを思い出そう。目を閉じればそこにクレオパトラが、そしてノートに目を落とせば最大のピラミッ

ドの主である、クフ王がそっと微笑んでいる。「そなたのメモで、わがピラミッドを超えてみよ」と、歴代エジプト王があなたに語りかけているのだ。

考古学者の吉村作治教授が発掘に来ても「たしかにピラミッドです」と太鼓判を押してくれるような、見事なピラミッド状の構造的なメモをとるように心がけようではないか。

最強の働き方 5

【ミニコラム】

「白板の貴公子」を目指せ!
――頭脳をつなぎ議論をまとめることが、リーダーシップの基本

一流のビジネスパーソンは、白板の使い方がうまい。

さまざまな人が集まってあーだこーだと言っていても、白板の使い手がいればあっという間に議論が整理され、ポイントがピラミッド状に組み立てられていく。言うならば、参加者の頭脳をコンピューター同士をつなげるかのように連携・協力させ、知的オーケストラの指

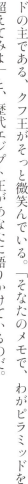

揮者となるのである。

ブレーンストーミングのアイデアも、瞬く間にグループ分けされていく。そしていつの間にかアクションプランと担当者とデッドラインの日付がセットになって、会議の成果物として残されるのだ。

四方八方から浴びせられるまとまりのない発言を、次々とピラミッド状かマトリクス状にまとめて白板に書き込んでいく姿は、白馬の貴公子ならぬ**「白板の貴公子」とでも呼びたくなるようなエレガントさ**を感じさせる。

これはほぼ百発百中の鉄壁の法則だが、**できるビジネスパーソンは白板の使い方がうまい**。会議で次々と発言される情報を瞬時に切り分け、不要な情報は相手のメンツを立てつつも頭のゴミ箱に捨てていく。

白板のおかげで皆、現在進行中の議論が話の全体像のどこにあるかを把握しているので、「Same page」（同じページ）を見ながら生産的な議論を取り仕切っていけるのだ。

白板の達人は「議論の可視化」もうまい。

マッキンゼーやベイン・アンド・カンパニーの一流のコンサルタントは、議論をファシリテートしながら各論点の連関性を白板に書き込んでいくので、聞き手は議論の位置づけと方向性を見失うことがない。

そして瞬く間にコンセプトをビジュアライズ（可視化）するので、その人が何を考え、何を伝えようとしているのかが明確になるのだ。

一方で白板は、論理的で明晰な思考が苦手な人にとっては諸刃の剣に早変わりする。

白板に書かれた情報に構造がなくバラツキ感があって、問題と分析と対策が混在していると、ただただ議論の参加者を大混乱させるのだ。

もしあなたが議論のファシリテーションやまとめ役の能力に秘めたる自信があるなら、とにかく会議やグループ・ディスカッションにおいて、白板にアイデアをまとめる「白板の貴公子」に名乗り出よう。

参加者の頭脳をつないで皆の知見を引き出し、異なる意見をひとつに集約することが、知的リーダーシップの基本なのである。

最強の働き方

6 資料づくり

資料はシンプルな一枚で要約
——アウトプット・イメージの全体像を、最初に共有する

「何度も言っているんだけどさ、全体の『ストーリーライン』をまず見せてくれない？」

というのは新卒のコンサルタントがよく上司から叱られることだが、要するに**プレゼンをつくるときは、まず話の全体像を先につくり、その「アウトプット・イメージの大枠」で合意しないと、どれだけ細部を詰めたところで、あとでどんでん返しが起**

こり、いままでの努力が水泡に帰すことが多いということである。

私もさまざまなグローバル企業で働いてきたが、一流のコンサル上がりの上司が一様に言うのが、資料に「全体の構造」「ストーリーライン」をつくることの大切さだ。話の大枠がある人は、話の細部に入り込む前に大きく一歩引いて、話の全体像を、ポイントを整理しながら議論する。これに対し、話の大枠どころか中枠、小枠もない人は、突拍子もない細部の話にいきなりディープダイブ（深入り）するのだ。

一流のビジネスパーソンの中で、資料が無駄に長い人は皆無である。仕事ができる人は、資料の構造が明確で、内容もシンプルだ。数枚の肝心なチャート（「キラー・チャート」と呼ばれる）に巧みにコンセプトを表現し、言いたいことを一瞬で伝える。

これに対し、できない人は話に自信がないのか常に膨大な資料を準備し、退屈な「ラリホー・チャート」（ラリホーは、ゲームの「ドラゴンクエスト」で敵を眠らせる魔法）で参加者全員に催眠術をかけるのである。

❖ スティーブ・ジョブズがあなたの資料を見たら？

尊敬する上司が私にかつて言った忘れられない言葉がある。

「僕はプレゼンの資料は一枚だけでいいと思っているんだよね。アップルの広告って細かい説明が何もなくて、シンプルに会社のロゴと単語2〜3個で表現しているでしょ？　我々は金融業だけど、やりたいのは『金融のアップル』で、極力シンプルに、短く伝えたいと思っているんだ」

仕事能力が高い人たちは、メールにしてもプレゼンにしても極力短くシンプルにし、「全体像と構造が浮き彫りになる資料」に徹底的にこだわる。

どんなに長いプレゼン資料にも、最初の1ページ目に要約があるし、その1ページの要約の中にも、最初の3行でさらなる要約があり、そしてその3行をタイトルの一言が要約しているのだ。

さあ、あなたが徹夜して作成した100ページもあるわりには「話の骨格」が見えない、メタボリック症候群末期のプレゼン資料は容赦なく大リストラしよう。これからプレゼン資料をつくるたびに、隣にスティーブ・ジョブズがいると思って、彼の反応を想像しながら、一枚、一言で要約できる資料づくりを心がけようではないか。

ジョブズの名言に「Stay hungry, stay foolish」というのがあるが、もうひとつ付け加えるとしたら「Stay Simple」なのである。

最強の働き方 7

資料づくりも、神は「細部」に宿る
――小さなミスに、大きな羞恥心を感じる責任感が大切

「プリントの紙の端が揃っていない！　読み手の気持ちを考えて紙をきちんと揃えて、クリップでとめて！」

これは私が20代前半に某外資系金融機関で働いていたころ、深夜の3時までかけて仕上げた資料に対して、MBAを卒業したての若手アソシエイトの上司が言った言葉である。

いきなり罵声を浴びせられたときは心の底から強い復讐心を抱いたものだが、自分も上司の立場になってみると、たしかにこういう**小さな作業の一つひとつに、若手の仕事に対する基本的な姿勢や力量が出る**ことがわかってくる。

入社1年目は、上司の指示どおりのフォントや色でパワーポイントを使ったり、エクセルの文字のフォントタイプを変えたり矢印をもう少し大きくしたりと、どうでもよさそうな資料づくりが仕事の大半を占めたものである。

外資系の大きな金融機関に入ったらどれだけ頭のよさそうな、企業価値評価や企業買収のアドバイザリーをやるのかと思っていたら、待ち受けていたのはパワーポイントの色使いの評価とチャートの形のアドバイザリー業務だったのだ。

ある日、私がつくった資料を定規で測って会社のロゴマークが1ミリずれていると怒って指摘されたときは、さすがに呆れて「そんなこと、誰が気にするんですか?」と尋ねた。

すると、「どこの競合他社も同じような提案内容なので、小さなミスで客の注意を引きたくない。中身より資料の美しさが勝負の要なんだ」とその上司は言ったが、それほど細部へのこだわりに仕事能力の万事があらわれるのである。

若かりしころの私は、こういう地味な下作業がいやで仕方なかったが、**「泥臭い仕事をバカにしないこと。つまらなく思える仕事でも、その積み重ねが大きな違いを生むのよ」**と当時の上司からたしなめられたものである。

現に私のまわりを見渡してみると、出世の早い人に限って、資料づくりといった下作業の一つひとつにも細部にこだわった最高のパフォーマンスを見せるのだ。

完璧と単純ミスの間にある「羞恥心」

一流の人材は資料作成に関し、小さなミスに対する恥じらいの気持ちが強い。

仕事のできない人は、資料にミスがあろうと「このくらい、ええじゃないか」とおおらかに構え、会社のロゴがずれていようが、間違って他社のロゴになっていようが、江戸末期に起こったええじゃないか祭りが始まる。

どんなにミスをしてもこちらがビックリするほど、「ええじゃないか、ええじゃないか」とそれはそれは、おおらかに自分を許しまくるのだ。

これに対し、一流の人は、上司が期待する以上の工夫をして、上司が期待するよりもはるかに早く仕上げてもっていく。

「ほかの担当者がつくったパートよりも飛び切り出来がいいものをつくろう」と仕事一つひとつに対する目線がことごとく高い。

上司からのチェックで句読点ひとつ、フォントひとつ、グラフを少し手直しされることに大いに羞恥心を感じ、完全な資料がつくれなかった自分を叱責するのである。

「神は細部に宿る」という言葉をよく聞くが、細部の完璧さを究める者だけが一流の高みを目指せるのである。**完璧な資料と単純ミスひとつの資料の間には、ケアレスミスひとつにとどまらない途方もなく大きな違いが存在する**のだ。

これからは資料の細部に神も仏もガネーシャもご先祖様も宿して、細部にまでこだわりのある完成度の高い資料を世に送り出そうではないか。

最強の働き方 8

【ミニコラム】

「マッキンゼー本」信奉者にモノ申す
——最後は読み手の好み次第

よく資料のつくり方といって「マッキンゼーでは資料をこうつくる」などといった、たいそうな本が出ているが、マッキンゼーを笠に着て何でもかんでも売る販売競争は、そろそろやめなければならない。

私は「自分より賢い人を貶めて、偉くなった気分になる」という一風変わった暗い趣味をもっているわけではない。またマッキンゼーの現役・OBで非常に優秀な人が多いことは自分の友人を見て十二分に承知している。しかしながら、「マッキンゼー」という名前にそれはそれは名前負けしている人が結構いるのも、これまた事実である。

マッキンゼー出身のコンサルタントがつくるスライドの中にも、意味不明のクオリティの低いスライドはたくさんある。当然のことながらマッキンゼーのコンサルタントもピンキリ

で、すべてをひっくるめて「マッキンゼー流だからありがたく学べ！」というのは大間違いである。

マッキンゼー出身者の中にも、さっさとパートナー（経営陣）まで上り詰めた人もいれば、1年も経たずに辞めていく人もいる。コンサルの高みまで見た人と、コンサルの入り口しか見ていない人では、コンサルタントとしての仕事術や文化に対する理解も大きく異なる。

そんな彼ら彼女らがすべて「マッキンゼー出身者」と同列に扱われていることに怒り心頭なのは私だけではないはずだ。

コンサルタントの人が本書を読まれていたら大いに同意されると思うが、どんなコンサル・ファームでもパートナーによって資料の好みには幅がある。上司のタイプによっては細かい複雑な自己満足チャートを好む人もいれば、ワンチャート・ワンメッセージで感覚的にわかるシンプルなスライドを好む人もいる。

なかにはプレゼン資料をどれだけつくっても絶対にそれを使わず、話の骨格だけ頭に入れて、相手の反応を見ながら臨機応変に話を組み立てることを好む人もいる。また話の骨格やフレームワークの完璧さより、感覚的に面白い具体的な話の有無にこだわる人もいるのだ。

人はそれぞれ物事を理解する方法や脳回路の構造、コミュニケーション方法の好みが違ううえに、自分自身に向いているコミュニケーション方法も異なる。

よって「自分の芸風」と「聞き手の芸風」を踏まえてこそ、「相手に刺さる資料」をつくることができるのである。

世の中には「プレゼンのつくり方」「資料の作成方法」系の書籍がゴマンと出回っているが、マッキンゼーであろうがなかろうが、資料作成の本質的ポイントは不変だ。

細部にこだわり「資料の神様」を宿しつつも、メッセージの構造を明確にする。そして、相手の好みとニーズを知り、それに合わせつつ、簡潔に一枚でまとめることに尽きるのである。

最強の働き方 9

【話す】話し方

一流の人は「一流のトーン」で話す
——声は人格をあらわす

「ジョーは、ええ声をしとるな～」

私が見てきた一流のリーダーたちの中でもとくに成功している人は話し方が魅力的で、そもそもが「ええ声」である。

やや低めで地響きのような太い声をしており、腹の底から胸に十分共鳴した声が、大量の空気プロジェクションに乗って自信満々に発せられる。彼らは決して私のようにけたたましく早口で話したりせず、どんなときでもあくまで悠然と、威風堂々たる様子で話しかける。

いい声というのはたんに声の質の問題にとどまらず、自信や威厳、正直さ、誠実さ、リーダーシップなどに関して非常に多くの情報を相手に与える。

実際に一流のビジネスリーダーと話すと、声に落ち着きと自信と威厳が満ちており、一言でいって一流のトーンで話すのだ。**「声は人格をあらわす」**というのは多くのケースで本当である。

実際にビジネススクールでコミュニケーションやリーダーシップの授業をとると、必ずこの発声練習が大真面目に行われる。

某Gで始まる世界的多国籍企業でも幹部養成トレーニングに「Executive Presence（重役っぽい雰囲気）の出し方」というセッションがあるが、そこでするのが何を隠そう、「落ち着いた声でゆっくりと自信満々に話す特訓」なのである。

❖腹式呼吸で、空気量たっぷりの落ち着いた声で話す

事細かなノウハウは割愛するが、基本的にトライしたいのは腹式呼吸をマスターして、アナウンサーもビックリの、腹の底から出る落ち着いた太い声で話すことだ。

日ごろ気づきにくいことだが、私たちが聞いている自分の声は、録音して聞くと、違和感たっぷりの、まさに「奇声」である。自分の声は自分の頭蓋骨や脳を伝わって聞こえるので、他人が聞くあなたの声とはまったくイメージが違う。

これに対しアナウンサーの声は、自分の声と話し方を常に客観的にチェックしているので、声も話し方もどんどん魅力的に研ぎ澄まされていく。

私には学生時代からの知り合いを含む著名アナウンサーの友人が数名いる（その実、一方的に私が親しいと思っているだけで、メールを送ってもまったく返ってこないので、決して私に嫉妬してはいけない）。

そんな彼女たちは大学時代のキャピキャピした声と違って、いまではそれはそれは立派な腹式呼吸に支えられた素晴らしい声で話すのだ。

また、いい話し方には「ボディーランゲージ」も非常に重要だ。たまたま聞く機会のあったスタンフォードＭＢＡの講義の中でも論じられていたが、体を縮こめるのではなく、胸を張り、背筋を伸ばし、開放的に体を広げて話す。すると実際に積極性などを司る「テストステロン」などの脳内ホルモンバランスが劇的に変化し、自信に大きな影響を及ぼすのである。

ゆっくりとした低い声で開放的なジェスチャーを用いて話すと、あなたのプレゼンの立派さはそれだけで大幅にパワーアップする。もちろん無神経な言葉の選び方で墓穴を掘っては元も子もないが、喉で話さず腹の底から声を出すことで、落ち着いて考える「間」を増やせるのだ。

たかが声、されど声。

あまりにもいい声で話されると、話す内容がしょぼくても、すっかり聞き入ってしまうものだ。よく聞くとたいしたことのない話でも、「こんなにいい声なのだから、何か重要な話をしているはずだ」と話のクオリティを過大評価してしまうのである。

なお、これは余談だが、当初はいい声を出す練習として始めた腹式呼吸の練習だが、このメリットのひとつは時と場所を選ばず、健康にいい内臓運動ができることである。仕事のミーティングがつまらなくて死にそうなときは、ひそかに腹式呼吸を始めると少なくとも体内運動のために生産的な時間の使い方ができるので、試してみてほしい。

最近ではミーティングのたびに、お腹を出したりへこませたりしながら大きく深呼吸ばかりしているので、周囲から怪訝そうに見られてしまう。

私がミーティング中に「スーハースーハー」しているのは別に苦しんでいるわけではなく、退屈して腹式呼吸しているだけなので、できればそっとしておいていただきたい。

最強の働き方

10

相手のニーズ・関心事を傾聴しながら、会話をする

――「アクティブ・リスニング」が信頼関係構築の基本

「いい会話のいちばん大切な基本は、相手に興味をもつことだ」

この一言は、私が高校生くらいのときに読んだ、長年CNNでアンカーマンを務めていたラリー・キング氏の著作に書かれていたものだが、その後、私が胸に抱きつづけている真実のひとつである。

米国の臨床心理学者カール・ロジャースが、相手の言葉をすすんで「傾聴」する姿勢や態度、聴き方の技術を「アクティブ・リスニング」と称しているが、会話をたんなる情報交換ではなく信頼関係構築の機会にするには、この「相手に興味をもち、傾聴する姿勢」が最も大切である。

よい会話とは、自分が話したいことを一方的にぶちまけるのではなく、**相手のニーズや想いを聴き出し、「この人は自分の話を聞いてくれた」という信頼感を勝ち得ること**なのだ。

❖ 相手の関心事項を聞きながら、話を進める

相手の関心事項を考えて話すことは、営業の現場でも重要なスキルである。

同じ商品・サービスを売るにしても、お客さんのタイプによって「どんなストーリーが刺さるか」は変わってくる。各顧客層のニーズ、反応するポイント、価値観を踏まえたうえで、それに応じたストーリーを奏でないと、相手の心には響かない。

これは私たちが狙っている意中の相手にアプローチするとき、さまざまな要素から

成り立つ自分自身の構成要素の中で、どの要素を売り込んでいくかを考えることにも共通する。

もし相手が重視するのが家庭重視の男性像なら、いかにあなたが奥さんに尽くすタイプで、週末は子どもをディズニーランドに連れて行くのが夢であるかをアピールしなければならない。

反面、相手が求めるのが経済的な安定性なら、その彼女に「ディズニーランドうんぬん」をアピールしても無駄である。むしろいかに貯蓄志向で、リスクを嫌い、安定運用を心がけているか、隙あらば貯金が趣味だという「相手のツボにはまるストーリー」を打ち出さなければ、彼女には響かないのだ。

プレゼンであれ営業であれ誰に何を売り込むにしても、相手のニーズ、すなわち相手に受けるポイントをきちんと理解しなければならない。そして状況に応じてストーリーをカスタマイズして売り込んでいかなければ、相手に刺さるプレゼンなどできるわけがないのである。

❖ 相手のニーズを無視したアピールは、たんなる独り言

それに対し会話能力が低い人は、相手が興味をもっていないことを見事なほどに察知しない。彼ら彼女らは退屈な話をいかにも「全人類の共通関心事項」ないし、「自分の話すことはすべて、世紀の一大発見」であるかのようにポイントレスに話しつづけるものである。

検索エンジンが発達したこのご時世、人と話すときに重要なのは、相手のニーズ・関心事項を事細かに聞きながら進めることである。

ネットとグーグル、ヤフーのおかげで、会話において人は関心のあるトピックにどんどん飛んでいく傾向が強まっており、ダラダラとポイントのない的外れな会話に対する聞き手の怒りは、容赦ないものになっている。

会話でいちばん大切な基本は、まずもって相手の関心事を聴き出し、信頼関係を構築することだ。いまさら当たり前すぎて恐縮だが、**相手のニーズを理解しないで進め**

る話は、もはや完全な独り言で、コミュニケーションでも何でもないのである。

最強の働き方

11

プレゼン

「フレームワーク、MECE、ロジックツリー」に鉄拳制裁
――「感情を揺さぶる、どうしても伝えたいこと」が重要

「プレゼンでは、ストーリーがMECEかどうかが問題なんだよ」
「ロジックツリーは組んでみた？　もっとゼロベースで仮説思考で考えてみようよ」

コンサルかぶれの二流の人ほど、「理由は3点ありまして……」などとロジカルぶった話し方をするものである。昨今のコンサル本ブーム、マッキンゼー本ブームのせいか、やたらと「MECEで……」「フレームワークがなんたらかんたら……」など

のセリフを問題解決の魔法のように振りかざす人が増えている。

しかしながらMECEもフレームワークも、使い方を間違えればたんなる「抽象的で退屈な使い古されたゴミ箱」である。前述のとおり論点と情報を整理するのは当然の基本だが、その論点と仮説自体がつまらなければ、ゴミ箱のゴミを整理してもう一回捨てる以上の何物でもない。

論理だけで答えが出たら、苦労はしない。この「MECEのフレームワーク」「ゼロベース思考」「仮説思考」をコンサルの三種の神器のように振りかざす人も、じつは自分が出した答えは経験に裏打ちされたセンスと直観に依存していたりする。

ここだけの話、**ロジックはえてしてして、解決策にたどり着くためというよりも、直観的に自分が抱いている仮説をもっともらしく説明するために使われる**ことのほうが多いのだ。

❖ 完璧なMECEよりも、感情を揺さぶる熱い魂を

実際に頭がよくて真面目なのに肝心のセンスや経験のない人は、MECEではあるが、ひたすらありきたりな当たり前の話をたっぷり時間をかけて、じつに論理的に説明しただけで終わる。

情報やデータはあるが伝えたいメッセージがなく、感情を揺さぶる驚きが一切ない。人の脳は退屈な話は覚えないようにできているが、彼らはそんなことより、退屈な話を論理的にまとめることにすべての情熱を注いでしまうのだ。

これに対し、**いいプレゼンターにはそもそも、心の奥底からほとばしる、どうしても伝えたいことがひとつある**。

先日、テレビ朝日で長年アナウンサーとして活躍してきた友人と会って、「うまいプレゼンにいちばん必要なことは？」と聞いたら、奇しくも私がそう思っていた「どうしても伝えたいという情熱があるかどうか」だという言葉が返ってきて、私も大いに納得したものである。

そもそも相手の心を動かそうと思ったら、自分自身をインスパイヤーできている必要があり、自分自身がプレゼンの内容に情熱と霊感を感じていなければならない。

親愛なる読者の皆様には、間違ってもMECEや論理構造に縛られて、無味乾燥なデータや骨格だけの、ガリガリな「ガイコツプレゼン」をつくってはいけない。

今日からMECEという概念は記憶のゴミ箱に捨て去ろう。

そして「MECEにまとめて」「フレームワークは何?」「ロジックツリーが組めていない!」とばかり言ってくるコンサルかぶれの上司に、「巨人の星」の星一徹もビックリの、怒りの鉄拳制裁を食らわせようではないか。

【ミニコラム】

同じ話の人間国宝を目指す

——一流の話し手は自分の話に飽きない

一流のビジネスパーソンが凄いのは、同じ話をいつ何時、誰に対しても、凄まじい情熱でもって話せることだ。

私なんかはいくら面白い話でも2回くらいするともう自分で飽きてしまって、同じ人に同じ話をするのはかなり恥ずかしく感じてしまうほうである。しかし世の中には、同じプレゼンを同じ人相手に、何度でも繰り返し赤面することなく披露できる人たちがいる。

たとえば私の知る大物の経済学の教授や、大物すぎて日本に限らずアメリカでも有名なカリスマ経営者も、まったく同じ話をますますの情熱をもって繰り広げる。

その「飽きずに話すコツ」を尋ねたところ、**「毎回、前回話したよりも、うまく話せるように質を高めることに、モチベーションを見出す」**とおっしゃっていた。

この「同じプレゼンを飽きることなくする力」の凄さは、留学時代にも実感したことである。

私が非常に尊敬していた統計学のギリシャ人の天才教授は一日に4クラス受けもつので同じ授業を4回するが、私が絶妙のアドリブだと思って大爆笑したポイントや、深く感動した一言も、じつはすべて計算し尽くされていたのだ。

これがわかったのは、ほかのクラスで受講していた友人が、私が当意即妙なアドリブだと思っていたその教授のジョークをすべて知っていたからである。

そういえば私の歴代上司を見ても、自社およびサービスを売り込むプレゼンで同じ話を何十回、何百回と繰り返していたものだ。

そこで驚きをもって発見したのだが、**一流のプレゼンテーターは、いかなる話であろうと、情熱を失うことなく、むし**

ろテンションのボルテージを上げながら、何百回だろうと何千回だろうと、同じ話を面白おかしく話せるのである。

その凄さは、もはや同じ落語を何千回と繰り返し高みを目指す、人間国宝の落語家の師匠を目にするようである。

考えてみれば、自分がする話に話し手自身が退屈していたら、聞き手が楽しく聞いてくれるわけがない。他人を楽しませるには、自分自身が常に楽しめていなければならないのだ。

仮に100回話したプレゼンだろうと、101回目はさらに完成度を高めようという精神力で、**「ノーベル賞級の世紀の発表をするような高揚感」**でプレゼンしてほしい。

なおここでの隠れたメッセージは、プレゼンは話し方の才能よりも繰り返しの練習が勝るという、たいそう元気づけられる真理である。

最強の働き方
13

【整理する】
整理整頓

仕事の生産性は、机やカバンの散らかり具合にあらわれる
――整理能力は、調査能力と生産性の象徴

「あなたの机の上、きれいですか？　カバンの中はきれいに整理されていますか？　パソコンのデスクトップ画面は、ファイルだらけじゃないですか？」

これは、じつは私が面接で候補者によく聞く質問である。

整理力というのは一事が万事で、その人の仕事の質と生産性の大部分を決定づける。

見過ごされがちではあるが、**仕事能力の高さ、逆にその低さが如実にあらわれるのが整理力**だ。

机の上が汚い人は、たいてい机の引き出しやカバンの中も汚く、パソコンのデスクトップ画面やフォルダの中も汚い。そういう人に限って資料や領収書はなくすし、ファイルはよく行方不明になるし、資料の細かな数字が間違っているものである。

一方、机の上がきれいな人は、机の引き出しもカバンの中も、デスクトップ画面もフォルダの中もたいていきれいに整理されている。そういう人は頭の中でも考え方やデータがきちんと整理されているので、いつでも必要な情報を引き出すことができる。

ためしに同僚や部下に昔使ったファイルを探してもらうように頼んでみよう。ピアノの鍵盤を叩くような速度でテキパキとフォルダの階層構造をたどり、どこにあるのか迷うことなくサッと整理されたフォルダからすぐファイルを出してくれる人は、一事が万事で仕事が速く、正確なものだ。

整理能力の高い几帳面な人は、情報のリサーチも速い。

たとえばレストランひとつを選ぶにしても、徹底的に事前調査を行なう。道に迷っても一瞬たりとも適当に歩いて探すのではなく、ＧＰＳを起動して数分たりともさまようことはない。

これは台湾での思い出話だ。あるとき一緒に同行していたシンガポール系カナダ人の友人は、すべての朝食・昼食・夕食に「計画」を立て、どの店で食べるか徹底的に下調べをし、情報を整理していた。

夕食はまだしも、朝食まで徹底的に時間をかけて調べている姿に私は呆れ、「何を食べてもある程度おいしいんだから、適当に店に入ればいいのに……」と内心訝《いぶか》っていたものだが、ようやくたどり着いた朝食を一口食べて納得。たしかにこの上なくおいしいパンケーキで、徹底調査の威力を思い知ったものである。彼女はどんな些細なことでもベストを追求するために、情報調査と情報整理、比較検討の労を決して惜しまないのだ。

またインドで待ち合わせのランチ会場にドイツ人の友人と向かっていたところ、目的地まであと20メートルくらいのところでタクシーの運転手さんが道に迷った。

私は「適当に歩けば見つかるから降りよう」と言ったのだが、彼はGPSを使って正確な位置を調べることにこだわり、数分、数十メートルたりとも迷うことをよしとしないのだ。

結局、ひとつ隣の道に入るだけのためにGPSシステムを使って目的地を探り当てたわけだが、その恐るべき几帳面さに私は舌を巻いたものである。

几帳面な彼ら彼女らの共通項は、「何が何でもさまよわない決意」と、「情報収集・情報整理」へのこだわりである。

整理能力が高い人は総じて調査能力も高く、仕事も速いうえに正確で、仕事の生産性が全般的に高いのだ。

❖「整理能力」と仕事の生産性は大いに連動する

私のかつての上司はコンサル時代も投資ファンド時代も一流の人だったが、何を質問してもパッと本棚から資料を取り出し、その資料の適切なページを開いて説明してくれた。それが20年前の案件であろうと、「あっ、それはここに載っていてね……」などと驚くほど瞬時に引っ張ってきたものである。

重要なのは、**整理整頓ができるかどうかは調査能力に大いに影響し、自分のみならず周囲の仕事の生産性も大きく左右する**ということだ。

資料やファイルがきちんと整理されていれば他人に引き継ぐのも容易だし、何か質問をされればすぐに対処できる。

その結果、あなたに関わるすべての人が「資料やファイルがどこにあるかを探す」という非生産的な時間を使わなくて済むので、チーム全体でエネルギーを節約でき、生産性が格段に向上する。

きちんと整理することは、他人の勤務時間中の「戦略的時間比率」（重要な真の仕事に使われる勤務時間の比率）を高め、自分、他人、会社すべての生産性を高めるのである。

【ミニコラム】

わざとカオス状態をつくり出し、自分しかわからないようにする二流のエリート

――自分のための整理ではなく、チームのための整理が大切

一流の人は自分自身にとってだけでなく、誰にとっても使いやすいように整理し、チーム全体の生産性を上げる。これに対して二流の人は、自分にとってだけ使いやすく、ほかの人にはわけがわからない整理の仕方をして、「自分の仕事」への参入障壁を築く。

ほかの人が見ればば資料の山でゴミ屋敷状態でも、本人の中ではきちんと整理されていて、どこに何があるのか把握しているのである。

ドイツ系オーストラリア人の2メートルくらい身長のある優秀な投資銀行家である友人のフィリップス（仮名、30歳）は、まさにそのタイプだった。

MBA時代も成績優秀で上位10%以内に入っていたし、前職の欧州系投資銀行でも20代でさっさとディレクター（部長クラス）に出世するほど仕事ができたが、その机の汚さといったら目も当てられないほどだった。

彼は「整理整頓ができなくても仕事ができる人はいるものだ」と思わせてくれた例外的な存在である。本人いわく、「それでもどこに何があるかは自分だけはわかっている」ので、本質的な整理整頓はできているらしい。

整理整頓ができていないように見えても仕事はきっちりと効率的に仕上げてくるので、周囲は文句が言えない。

おまけに彼がいなくなると、そのカオスの状態から情報を取り出してくることが不可能なので、逆説的だが彼の重要性が高まり、会社の中での「不可欠度」が増すのだ。

これはフィリップスの例に限らず、いくつもの事例がある。

某外資系コングロマリットで働いている友人の藤田さん

（仮名、49歳）は、自分がクビになったら仕事が回らなくなるよう、資料やデータを極力わかりにくいフォルダ名で分類していた。データを探すにはそれを保存した自分に聞かなければ一生たどり着けなくすることで、自分の「戦略的地位」を保っていたのである。

これはまさに二流の所業だが、それでも藤田さんは15年間一度も仕事を失うことなく生存競争を勝ち抜いている。

今日も藤田さんは都内の高層ビルの一角で、重要な顧客情報を意味不明のフォルダ名で、わけのわからない場所に保存しては、ほくそ笑んでいることであろう。

【章末コラム】

【二流】ＩＱよりも愛嬌で仕事の命運が決する？
──他人と温かい関係をつくる力が、学歴やＩＱよりよほど大切

世の中には、「憎めない人」であることが最大の競争優位になっている人がいる。

彼らはメールを返さないし、メモはとったふりをするか、穴だらけのどちらかだ。整理能力はゼロというかマイナスで、ほぼすべての資料を紛失し、つくる資料は意味不明である。これは典型的な仕事能力が低い人の特徴だが、それでいて出世街道を邁進する人がただひとつできているのは、なんといっても「憎めない」ことに尽きる。

某外資系大手コンサルティングファームのトップマネジメントの一角に、まったく働いておらず収益に貢献していないことで有名な経営幹部の安田さん（仮名、48歳）がいる。

その社内の友人に聞けば、「安田さんはプロジェクトを売りもしないし、仕事のデリバリ

ーもしないが、とにもかくにも皆と仲がいいので、ボーナスも予想以上にもらっていて驚く」と感嘆する。

こういう「いい人枠」の人は、和をもって貴しとし、協調性が非常に高い。意見を強く主張しないどころかそもそも意見がないので結果的に誰とも争わず、誰からも厭われない。

そして誰とでも話せる関係なので、社内調整役のような役回りで時折活躍し、いつの間にやら社内のあちこちに太いパイプを築くようになったりするのである。

人の評価は、客観的事実ではなく主観と感情で決まる要素が大きいだけに、そもそも「いいやつだ」と認識されているかどうかは、キャリア上の出世にとって決定的に重要だ。

かのアドラー心理学でも出てくるが、人の認識は、無意識下で欲している目的に応じて、情報が取捨選択される。よって、**いったん好かれれば「あなたが素晴らしい人」である理**

由ばかり挙げられるし、逆に嫌われていれば「あなたがいかにひどいパフォーマンスしかあげられないか」という理由ばかり、評定であげつらわれるのだ。

❖ 学歴やスキルでは「いい人」に勝てない

逆にいえば、そもそも「いい人」でなければ、本書で書かれているさまざまな一流の心得を実践したところで、周囲に人が集まってきて支えてくれたり、引き上げてくれたりという機会は一切回ってこない。

頭もいいし仕事も抜群にできるが社内で冷遇されている人は、結局のところ「いけすかないやつ」になってしまっていることが多い。結果的に、そういう人は折を見て部下からは足を引っ張られ、同僚からはつまはじきにされ、上司からはクビにされてしまうのである。

なお、「いい人」とは「運がいい人」になる蓋然性が高い。「運」とは決して、怪しげな超常現象のことを指しているわけではない。「運」とは文字通り、「運ばれてくる好機」である。そして**「好機」を運んできてくれるのは、自分のことを気に入ってくれている、良好な関係を築いている他人**にほかならない。

「運がいい人」というのは総じて、リラックスしていて、肯定的で、明るくニコニコ笑っており、一緒にいる人を幸せな気分にさせる。そしてなんといっても「可愛げ」があるので、いろいろな人が、いろいろな機会を運んできてくれる。

ハーバード大学の研究で、長年にわたって卒業生のその後のキャリアや報酬を追跡した調査があるが、IQ150とIQ110の卒業生のその後の年収に有意な差はなかったという。しかし、**まわりと温かい人間関係を築けた人は、そうでない人に比べて飛び抜けて出世していた**というが、これは私のまわりを見渡しても大いにうなずけることである。

いくら賢くて学歴やスキルが高くても、「いい人」には勝てない。

結局のところ、「いい人」でいられるかどうかが、業界やキャリアステージを問わず非常に重要なのだと強調しておきたい。

第1章のポイント

メールの書き方

1

メールが来たら、「サーッ!」と叫んで瞬時に返信する【↓P042】

メールが来たら瞬時に返しているか? メールの応答の速さは「できる仕事はすぐやる」姿勢の象徴である。

2

長々としたメールは、ライザップに送り付ける【↓P045】

メールが長すぎないか? 簡潔なメールは「無駄のない効率的なコミュニケーション能力」の象徴である。

メモのとり方

3

衆議院本会議の速記者が震え上がるくらい「漏れのないメモ」をとる【↓P049】

メモとりを完璧にしているか? 漏れのないメモに「漏れのない注意力・責任感」があらわれる。

4

メモは、クフ王や吉村教授もビックリの「立派なピラミッド構造」に【↓P052】

メモに構造はあるか? メモひとつの構造に「論理的思考能力」があらわれる。

5
議論が始まれば、白馬の貴公子ならぬ「白板の貴公子」になる[↓P055]
議論のまとめ役をかって出ているか？　議論を可視化して参加者の頭脳をつなぎ、知見を集約していくことが、知的リーダーシップの基本である。

資料づくり

6
資料は、スティーブ・ジョブズもビックリするほど「シンプル」に[↓P058]
つくった資料は1ページで語れているか？　資料の構造と全体像を簡潔に要約しよう。

7
資料の細部に、神も仏もガネーシャも宿す[↓P061]
資料は完璧を目指しているか？　小さなミスに大きな羞恥心を感じる責任感が、あらゆる仕事の完成度を高める。

8
「マッキンゼー本」信奉者にならない[↓P065]
資料は、読み手の好み・レベルに合致しているか？　人によって、理解の仕方が異なることを忘れてはならない。

話し方

9　オバマ大統領を見習って、いい声で話そう［↓P068］

あなたはいい声で話しているか？　声は人格をあらわす。一流のプロフェッショナルは、腹式呼吸やボディーランゲージへの配慮など、一流のトーンで話すさまざまな工夫をしている。

10　一方的に退屈な話をしない［↓P072］

相手に興味をもち、相手の関心事を踏まえて話しているか？　相手のニーズや想いを聞き出す「アクティブ・リスニング」で信頼関係を構築しながら会話しよう。

【プレゼン】

11　フレームワーク、MECE、ロジックツリーに鉄拳制裁を［↓P076］

あなたのプレゼンには「どうしても伝えたい内容」があるか？　プレゼンのフォーマットより、感情を揺さぶる熱い魂が大切だ。

12　「同じ話」の人間国宝を目指そう［↓P080］

自分の話に飽きてしまっていないか？　常に話の完成度を高め、情熱を失わずに「自分の同じ話」を極めよう。

整理整頓

13
机の上とカバンの中を、きれいに整理する［↓P083］
常に整理整頓を心がけているか？　整理能力は「調査力や仕事の生産性」の象徴である。

14
自分にしかわからない「二流の整理」をしない［↓P088］
自分だけでなく、他人も探しやすい整理ができているか？　自分のための整理ではなく、チーム全体の生産性を上げる整理が必要だ。

章末コラム

15
最後は「いい人」が勝つ［↓P091］
まわりと温かい関係を築けているか？「運のいい人」は明るく肯定的で人に好かれ、周囲がさまざまな機会を運んできてくれる。

第2章

一流の自己管理

——一流への道は生活習慣から

ＩＱや学歴はいまさら変えられないことも多いが、いまからでもなんとかなるわりには、なんとかしようとしない人が多いのが「自己管理」（Discipline）である。

一流のリーダーたちは思いつきや感情に流されて行き当たりばったりの生活を送るのではなく、何かにつけて厳格な「自己規律」をもって人生を歩んでいる。

これに対し、二流の人は「自己管理」といえるものがなく、そのときのアニマルスピリットや欲望に導かれるがまま、怠惰で享楽的な生活を謳歌しているものである。

「あの人は生まれつき、頭が違うから」「あいつは生まれつき金持ちだから」とハナから敗北宣言をしている人も多いが、**じつは仕事能力の大きな差は、学歴やＩＱより、心がけでなんとかなる自己管理に根差していることが多い**。

こうした自己管理は、次のように整理できる。

【時間管理】
1　早起き

【外見管理】
4　服装

【健康管理】
5　健康

【内面管理】
6　ストレス管理

【成長管理】
7　学習習慣

2　**時間厳守**
3　**優先順位**

みなさんの会社の中で、ものすごく仕事ができる一流のビジネスリーダーたちを思い起こしてみよう。彼ら彼女らは社内で高いポジションにいるにもかかわらず、真っ先に会社に来ている人が多いのではないだろうか。

時間管理ひとつにしても、一流の人は朝早くのミーティングに絶対に遅れないが、二流の人は月曜朝一の定例ミーティングですら、不思議なくらい絶対に5分遅れてしまう。

たかだか5分の遅刻だが、そこには「何事も時間ぎりぎりにならないと動かない」という、ビジネスパーソンとして致命的な生活習慣上の欠陥があらわれてしまうものである。

次に社内で尊敬する一流の人材が今日、何を着ているか、いまから確認しにいこう。服装に関しても一事が万事だ。二流の人ほど、シャツがヨレヨレで肩にフケがたっ

ぷり溜まっているし、靴底が擦り切れていて泥と埃だらけのクッサイクサイ汚い靴を平然とはく。

仕事能力で一流の人にはるか及ばないのに、外見でも圧倒的に負けるのだから、もはや手がつけられない。

外見は服装に限らず、体型もその人に関する多くのメッセージを発してしまう。

言いにくい真実だが、太っているのに出世している人は、マツコ・デラックス以外、存在しない。しかしマツコ・デラックスファンの私のカナダに住んでいる姉いわく、マツコ氏も服装や化粧には大変気を遣っておられるのだ。

自己管理を語るうえで、健康管理ははずせない。ホワイトカラーの仕事においても体は仕事の資本なのだ。

同じく忘れてはならないのが心の健康管理である。内面のケアという意味ではストレスをうまくコントロールし、また継続的な学習で幅広い教養を有している人こそが一流の働きをする。


本章で述べる習慣の数々は目新しいものではなくオーソドックスなものであり、「いまさらそんなことを言われなくてもわかっとるわ！」という方も多いであろう。

しかし、それでも本章でこれらを取り上げるのは、頭のよさ、ＩＱの高さよりも、このような**「決意次第で直せる習慣」が本当に仕事能力を大きく左右する**からである。

これを機にひとつでも生活習慣がポジティブに変われればそれだけで、謎の自己啓発本を何百冊と読み漁るよりも、私たちの人生によほど大きなインパクトが期待できる。

それでは早速、よい仕事をするための基本である「一流の自己管理（Discipline）」のあり方を、一緒に考えたい。

最強の働き方
16

【時間管理】

早起き

鶏が先か、グローバルエリートが先か!?
——早起きは「自己規律」(Discipline)の象徴

「コッケコッコー」

鶏は朝早く起きることで有名だが、じつは鶏よりも早く起きる生物が1種類だけいる。それが何を隠そう、霊長類ヒト科に属する、グローバルエリートたちである。

私の歴代職場で共通しているのは、早く出世した大物上司に限って早起きだということである。

早起きは一日のうち、最も生産性の高い時間帯に働くという、高い自己規律の象徴だ。実際に生活習慣も一事が万事で、**「すごく遅く起きてくる偉い人」はほとんどいない**。

私が尊敬する政財界の大物たちからは、朝4時という時間帯にメールの返事が届く。あのニクソン大統領も、早起きして朝の1時間を自分の好きな読書などに費やしたというが、早くから出世してリーダーシップを発揮する人は、とにかく朝に強い。

どうして眠たくならないのか不思議に思われるかもしれないが、私が見るところ早起きの偉人たちに共通している要素がいくつかある。

まず早起きエリートたちは、お酒をまったく飲まない。夜も出歩かず、さっさと家に帰って十分睡眠をとる。そして、「ひょっとして、この人の前世は目覚まし時計だったのでは?」と思うほど確実に決められた時刻に起き、恐ろしく規則正しい生活を送っている。

朝6時に起きるといったら起きる。朝1時間走るといったら走る。朝食に納豆とヨーグルトを食べて野菜ジュースを飲むといったら絶対にそうする。

そして決まった時間に家を出て、これまた決まった時間にランチを食べ、会食は必要最小限にして長居せず、いつも規則正しい時間に帰宅するのだ。

❖ 必殺、「早朝型人間」になる秘訣

これに対して二流の人は朝に弱く、寝坊が常態化しているので遅刻することへの罪悪感も薄い。たまに時間どおりに会社に来たら、まわりにビックリ仰天される始末である。

寝坊もこれまた一事が万事で、寝坊の裏にある乱れた生活習慣の数々が連想されてしまう。

毎夜、グダグダと飲みに繰り出しては、ウコン不要の驚異の肝臓力で、自慢の太鼓腹に大量のビールを流し込む。

「夜の9時以降は炭水化物をとるのを控えるように」と医者や家族にいわれているにもかかわらず、飲み会の直後にラーメン屋に直行しては替え玉まで注文し、ゲップを吐きながら煙草を吸い出す。

深夜の2時過ぎにようやく前後不覚の状態で千鳥足で帰ったかと思えば、最後にベランダで葉巻を吸ってスコッチウィスキーを胃袋に流し込み、シャワーも浴びずに気

絶するようにベッドに倒れ込む。おまけに翌日も昼の2時くらいまでは二日酔いでボケっとしているのだから、もはやかける言葉もない。

しかし、こんな不規則で堕落した生活から抜け出す方法がある。

それが何を隠そう（当たり前で恐縮なのだが）、必殺、「早く起きること」である。

朝早く起きると周囲も静かだ。騒がしいテレビ番組もやっていないので、静かな気持ちと冴えた頭で、読書や仕事にのぞめる。外に出ても人もあまりいないし、夏でも暑くなく快適である。

健康志向に目覚めたあなたは、やがてジョギングかウォーキングでも始めて、毎朝皇居のまわりを一周するようになるだろう。

さあ、私たちは早寝・熟睡・早起きの誓いを新たにした。

みなさんもこれからは朝5時に起きて、**朝型人間どころかそこらへんの「日の出」もビックリの「早朝型人間」を目指して新たな人生を踏み出そう。**

そして今後、「鶏か卵、どちらが先か?」と聞かれたら、「鶏よりも卵よりも、グローバルエリートが先です!」と元気よく叫んで、相手を驚かせようではないか。

最強の働き方

17

【ミニコラム】

寝ているときだけでも、ビル・ゲイツに勝て!?

――眠りの質にこだわるべし

早く起きるには早く寝る必要があるが、そのためにもイマイチな友達から誘われた中途半端な飲み会や誕生日パーティーは断捨離し、さっさと家に帰って眠りにつかなければならない。

余談に聞こえる本題だが、熟睡のための寝具の大切さをここで強調しておきたい。

ベッドは多少お金をかけても自分にあったいいモノを選ぶべきで、ベッドマットを買い替えるのが趣味の私に言わせれば、なんといってもサータ（Serta）社の「スーペリアデイ（Superior Day）」というマットレスがおすすめだ。

固めのしっかりしたサポートがお好きなら、日本ベッドの「シルキーポケット」も質が高い。シーリーの「ロンドⅢ」も逸品だ。

なお日本の伝統ブランド、フランスベッドも、10万円台の価格で「ライフトリートメント700」というシリーズのマットレスを出しているが、これのハードタイプは値段を大いに上回る素晴らしいクオリティを誇っているので、ぜひ試していただきたい。

一部のベッドメーカーの中には、大手流通と手を組んで100万円などの不当に高い値段を押し付けているところもあるが、高いのはマージンだけでクオリティは15万円のマットとたいして変わらないので気をつけよう。

睡眠時間は人生の3分の1を占めるのみならず、起きている3分の2の生産性を大きく左右するため、十二分に質の高い睡眠をとるための投資は惜しまないようにしたい。

「起きている時間の貧富の差」はなかなか埋めがたいが、「寝ている間の貧富の差」は簡単

に埋められる。

というのもベッドは40万円もかければそれ以上寝心地はたいして変わらないので、人生の3分の1である寝ている時間は比較的、貧富の格差なく最高峰の生活水準を手に入れやすいからだ。

寝ている時間だけに限っていえば、40万円ほど使えばビル・ゲイツやマーク・ザッカーバーグと、生活水準はたいして変わらないのである。

さあ、早速いい寝具を揃えて、せめて寝ている間だけでも、トマ・ピケティもビックリの「格差縮小」を成し遂げようではないか。

大富豪ウォーレン・バフェットや孫正義氏も、最適なベッドでスヤスヤ寝ている最中のあなたには、決して勝てないのである。

最強の働き方
18

時間厳守

時間を守らない人とは、チームワークが不可能
——待ち合わせ時間とデッドラインを死守する

「ムーギー、もうキャリアがどうなってもいいのね……」

これはシンガポールでの重要な会議に私だけ堂々2時間遅刻し、会議が終わるころに到着してしまったときの、仲のいいアメリカ系中国人女性の同僚からの一言である。

その日、目を覚ますと、周囲がやたらと明るい。

「あれ、おかしいな。朝6時に起きてシャングリ・ラ ホテルに向かうはずだったのに……」

時計を見て絶叫、会議の開始時刻からすでに2時間近く経っているではないか。携帯電話を見ると、同僚や上司、秘書からの着信履歴が10件くらい、5分おきに残っている。

いやはや、これでキャリアは終わった。そう遠くない将来、私の輝かしかったかもしれないキャリアは終焉を迎えるだろう……。

というわけで、競争が激しいグローバルビジネスの世界で、**人生を棒に振る最短ルートが平気で待ち合わせに遅れたり、仕事のデッドラインに間に合わせないこと**である。

電話会議の時刻にコールインが15分遅れたり、書類の提出やメールの返信がデッドラインを過ぎるのも同じである。人を待たせるのは「相手の時間、相手との約束を軽視している証拠」ととらえられても仕方ない。

一流の人はまずもって、絶対に遅刻しない。またあらゆる仕事が時間どおりというより、時間に余裕をもって達成される。相手を待たせることとは、他人の時間を無駄にする行為である。それは規律のなさと無責任さの象徴的行為とみなされる。

遅刻はビジネスパーソンとして最も恥ずべきことのひとつだ。それに対して羞恥心を感じないこと自体が、プロフェッショナルの基本として許されない。

そして遅刻の有無には、仕事全般への姿勢が如実に出てしまう。

前もって会議場所に着いている人はたいてい段取りがよく、あらゆるデッドラインを厳守する。

加えて「いつも時間どおりにそこにいる」ということは、「あの人は時間にも仕事にもきっちりしている」と、たんに会議に10分前に着く以上の評価がなされるのである。

逆にいうと、**少し遅刻するだけでも、「時間や仕事にだらしのない人」という強力なネガティブメッセージを顧客および会社中に発信してしまう**。

遅刻することは、物理的な仕事の停滞にとどまらず、その人の仕事能力全般に関し、壊滅的な悪印象を与えるのである。

デッドラインを守らない人とは、チームワークが不可能

繰り返される遅刻は、全般的な無責任さを意味する。

ひとりで完結する仕事をしている人は、とくにデッドラインに敏感にならなくてもいいかもしれない。なぜなら、その影響を受けるのは自分だけだからだ。

しかしチームで働く仕事で約束の時間を守らないと、たいていの仕事は破綻する。ひとりの遅刻や作業遅延のせいで、仕事全体が滞る。そしてほかのチームメンバーの士気にも悪影響を及ぼすのである。

ところが恐ろしいことに彼らは、チームメンバーが怒っていることに気づかない。また驚いたことに、すぐに反省して全力で名誉挽回のためにいい仕事をするわけでもない。かわりに獅子の心臓で、締め切りの大幅延長を求めだす始末である。おまけに自分の役割は果たしていないのに、かなりどうでもいい「謎の参考情報」ばかり送り付けてくるのだ。

約束した時間を守るということは、他者への敬意のあらわれであり、チームで働くための最低限の条件でもある。

さあ、大きな声で「私はもう遅れません！！」と、3回くらい叫ぼう。「時間厳守」を座右の銘にし、会社の近くに住むなど、できることはたくさんあるはずだ。

会社のすぐ傍に住んでも遅刻する人は、もう会社の隣に引っ越すくらいの覚悟で、「職住近接の第一人者」を目指そうではないか。

なお、他人の時間を大切にできるということは、自分の人生が充実していることの裏返しでもある。なぜなら、ろくな生活を送ってない人は自分の時間を大切にせず、結果的に他人の時間の大切さにも気づかないものだからだ。

最強の働き方 19

優先順位

タイムアロケーションで差がつく
——優先順位をつけ、ラクなことではなく、やるべきことをする

「ムーギーは『いまなぜここにいて、これをしているのだろう？』と常に自問しなければいけないよ」

これは私の尊敬する昔の上司が、私にプロフェッショナルの心得を話すときによく言っていたことである。

この方は日本の金融業界の中でも大物中の大物で、これ以上、上がるところがないくらいキャリア的には即身成仏された方なのだが、ご自身の仕事術の基本を話されたときに、**「タイムアロケーション（時間配分）こそが超一流のプロの基本だ」**とおっしゃっていた。**どれほど賢くどれほど優秀でも、与えられた時間は同じなだけに、その最適な配分が勝負の分け目となる**。優秀な人が高い集中力でしのぎを削る業界にいると、限られた時間をどう使っているか、その優先順位づけと時間配分が仕事の差を決定するのだ。

限りなくある「やるべき仕事」の中で、何をどう優先順位づけするか、その優先順位をどう説明するかは、はてしなく重要だ。

軸をもち、適切な判断を下して時間配分できているかを考えることは、限られた資金をどこに投資して価値を最大化するのかという資金アロケーションと同等以上の重要性をもつ。

❖ やっていてラクな「疑似労働」に流れていないか

人は易きに流れがちな弱い生き物である。

気がつけば仕事か遊びかわからないような「仕事」についつい時間を使ってしまいがちだ。営業であれば、たんに気の知れた友達のようなお客さんと収益性を度外視して会議や飲食の時間をもってしまっている人は非常に多い。

その結果、**「一応忙しい」のだが、やるべきことはなされず、どうでもいいことに多くの時間が費やされる「疑似労働」に多くの時間を使っている**ことも多いのである。

私たちは、自分が得意な業務ばかりするのではなく、上司の視点、会社の視点、顧客の視点という一段上がった高い視点で「自分のなすべきこと」を考え優先順位をつけなければいけない。

なお、なかには「長期計画など無意味で、目の前の仕事を全速力で即処理していくことのほうが大切だ」という人もいる。

しかし一流の人は意識・無意識は別として、多忙な中、優先順位をつけたうえで即仕事に手をつけていくのである。そして優先順位をつけたあと、行動に移すまでのスピードが速い。

優先順位をつけはするが、結局いつまでも仕事に手をつけず、優先順位が高い課題がたっぷりたまっているだけの困った二流の人に、くれぐれもなってはいけない。

「いま自分がなぜここにいて、なぜこれをしているのか」

このタイムアロケーションに関する自問への答えと、先送りせず即行動に移す実行力に、仕事の生産性の万事がかかっているのである。

最強の働き方

20

【外見管理】

服装

エリートも馬子も衣装次第？
――TPOをわきまえた服装の大切さ

「その靴、スーツに似合ってないから、きちんとしたスーツ用の靴に替えてくれる？　あとシャツに皺が目立つから、絶対にクリーニング屋でアイロンをかけて」

これは私がまだ大学を卒業したての新入社員のときに、ＭＢＡを取得したてのアソシエイトの先輩に注意された事柄である。

当時は「そのくらい、ええやないか！」と反発心を覚えたものだが、それから時は流れてはや15年。そのアソシエイトの先輩が口を酸っぱくして言っていた服装の大切さが、いまでは身に染みてよくわかる。

私が見てきた**一流のプロフェッショナルは、ＴＰＯに応じて、じつにファッションに気を遣う**。別にそこまでしなくてもいい気もするが、なかにはトータルファッションコーディネーターを雇っている人も身近にいた。

社内でのオフィス・アワーはピンストライプのスーツ（それもゼニアなどの高級ブランド）をまとい、エルメスやブルガリなどの品質のよさが伝わるネクタイを締めている。ジャケットの胸ポケットから、白いポケットチーフがワンポイントでのぞいているのは言うまでもない。

これに対し二流の人は、自分の服装で他人に不快感を与えるのが得意である。

別にその人の胸毛なんか見たくないのにシャツのボタンを首から2つくらいはずしていたり、逆にたんなる身内の同窓会なのに、何のコンプレックスの裏返しか、全身をエルメスで包んで参上するのだ。

服装は、あなたが「自分を客観的に見られているか」という自己認識能力の度合いをあらわすし、またあなたの大切なブランドイメージも大きく左右する。

つい先日も、韓国の某大手外資系コンサルティングファームに勤める友人と、パートナー（ファームの経営者）まで上がる人の共通点について話をしていたところ、その友人は「出世が早い人は頭がいいのは当然として、自分に何が似合うかわかっていてカッコいい。流行っているものより自分に似合っているものを重視するので、どんなお客さんの前に出ても外見的に恥ずかしくない」という特徴を挙げていた。

ブランドイメージに関していえば、これはあたかも、**ブランド品の販売では箱代や袋代にも多大なお金をかけて「商品の高級感」を演出するのと同じ**である。

たとえばブルガリのネクタイを買うと、それはそれは立派な箱や包装紙、袋に入れて、最後には立派なリボンまでつけてくれる。それが高級そうなオーラを何倍にも高めているのと同じ構造だ。

同じティファニーのリングでも、ドン・キホーテの売り場に置いたとたん、凄まじい安っぽさを醸し出すものである。

❖一流の人が自分に合ったいいものを長期間使う理由

ちなみに、成功する一流のビジネスパーソンは、むやみやたらと金を投じるのではなく、いいもの、自分に合っている質の高いものを厳選し、10年も20年も長期間愛用している人が多い。

自分に合っていないのにただブランドを買いまくってはポイ捨てする困った人々とは大違いである。


自分に合ったいいものを長い間愛用するというのは、長期的な人間関係を大切にする一流の人に共通する行動パターンである。親愛なる読者の皆様もぜひ、次のスーツや靴、カバンを買う際は、20年後も立派に使える愛用品になるものを大切に選んでみよう。

ちなみに、ここでのもうひとつ隠れたメッセージを言うならば、これは長い年月がたっても体重が増えて体型が悪化せずに着つづけられるという意味で、自分の規律の高さの証でもあるのだ。

【ミニコラム】

フォーマルなパーティーの衣装は一大勝負

グローバルエリートたちは驚くほど仮装が好きである。

パーティーでもやたらとテーマを決めてそれに合った服装が求められるし、その衣装にかける情熱と金額も並々ならぬものがある。INSEAD留学中にフランスにいたとき、パーティーの頻度とその仮装にかける情熱に感心したものだ。時には授業にさえ全員仮装して参加することもあった。

夏にはサマー・ボールといってナポレオンの離宮であった豪華なフォンテーヌブロー城を

借り切ったパーティーもあったが、そこでは皆、完璧なタキシードとパーティードレスで、ドレスアップを競う。

　こういうとき、社交パーティーのない国から来た人に限って、タキシードを買いに行くのを面倒くさがって、「このスーツも高いねんから！」とビジネススーツで突進する。しかし、フォーマルにドレスアップされた世界中のエリートたちに囲まれると、それはそれは貧相に見えてしまうものだ。すれ違う友人にも、口々に「お前はなぜタキシードを着ていないのだ？」と尋ねられ、それはそれは恥ずかしい思いをするのである。

　日ごろはカジュアルなジーンズにダサいセーターを着ているクラスメートも、パーティーでドレスアップすると、その落差でまさに目を見張るほどの変貌を遂げる。人は最もフォーマルな衣装を着たとき、そこにはオーラを競う戦いが展開されているのだ。

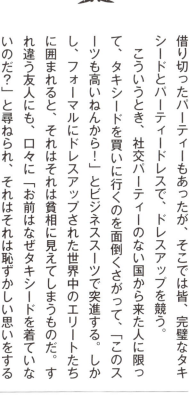

この手のパーティーがあるたびに新カップルがちらほら誕生するが、ドレスアップしたときの変貌ぶりを見ると、それもうなずける。

グローバルエリートたちがドレスアップするときの衣装合戦は、あたかも発情期のクジャクがきれいな羽を大きく広げて優劣を競う様子を見るようだ。

社交パーティーや仮装パーティーや友人の結婚式に招かれたときは、自分のことを世界でいちばん立派な巨大クジャクだと思おう。そして自分のオーラレベルを最大化してくれるタキシードを厳選して、仕事以上の真剣勝負にのぞもうではないか。

なおこれは余談だが、パーティーでのドレスアップにサスペンダーを使っていいかは、人とキャラクターを選ぶ。

格好のいいモデル体型の知的な人がやれば、まさに映画『ウォール・ストリート』のチャーリー・シーンの世界だ。

しかしそうでない、私のような太っちょの東洋人がサスペンダーをすると、大変なことが起こってしまう。『ウォール・ストリート』というよりかは、たんに「ベルトのサイズがないオジサン」に早変わりしてしまうので、くれぐれも気をつけよう。

最強の働き方
22

見栄や周囲の評価に惑わされない
――買い物の基準に、主体性の有無があらわれる

「やっすそうな時計、そして、ぼっろい車やな――!!!」

一流のビジネスパーソンほど身だしなみに気をつけるものだが、スーツや靴にはお金をかけても、人によっては腕時計や乗っている自動車は極端に古く、しばしばボロい。

あえて安っぽい時計をしていたり、安っぽい車に乗っていることが、ほかの部分が完璧なだけに、逆に「高度なはずしのテクニック」が炸裂したかのようなカッコよさを醸し出す。

これは全身シャネルやプラダで固めると必死に見えて逆にダサく感じるのに対し、「あえて一部はずす」ことで全体のカッコよさを際立たせるテクニックともいえるだろう。

私の尊敬する大先輩にも、携帯電話を何が何でも買い替えない人がいる。

それこそ、ジュラ紀か白亜紀に発売されたような、カラースクリーンでさえないガラケーを、これでもかというほど使い倒しているのだ。

もはや音が出るのも不思議、着信や発信ができるのも奇跡に思えるほどで、ボタンの文字もすべて剥げ落ちている。サイズも桁外れに大きく、まさに「携帯業界のブロントサウルス」とでもいうべき太古の携帯電話だ。

「そのガラケー、一刻も早く大英博物館に展示すべきでは?」と思うほど希少種と化しているわけだが、その先輩はそれでも買い替えようとしない。

その理由を聞くと、いわく、「自分は携帯は音声通話しか使わないし、資源を無駄にしたくない」という個人的哲学に由来するという。これは自分の価値観と判断基準にそって生きているという意味で、ある種見上げたポリシーではないか。

とくに携帯電話の買い替えは、まだまだ使えるどころか、まだ使いこなせてもいないスマホを買ったばかりなのに、毎年携帯各社のマーケティングと「新しいモデルを買い揃えたい」というミーハー魂に踊らされている人が大半ではなかろうか。

どうせ使いもしない新機能だらけの超オーバースペック携帯を高値で仕入れたものの、実際に使うのは電話とメールとLINEおよびフェイスブックだけ、という大半の携帯ユーザーと比較したとき、その**「購買行動にあらわれる主体性・価値判断基準・行動力の違い」に、独立自尊の美学を感じる**のだ。

下町のウォーレン・バフェットを目指せ！
——買い物の仕方に「主体性」があらわれる

なおここで登場した先輩は年収数億円と稼いでいるのに、自家用車はなんと中古のシビック。

これもボロいガラケーと同じで、車に対して求めているのは見栄や豪華さではなく、たんに安価で経済的に自分を運ぶ手段なのである。

ちなみに大金持ちなのに乗っている車はボロいというのは世界有数の大投資家、ウォーレン・バフェット氏も同様である。安い値段のわりによい性能というのは、氏のバリュー投資という哲学が、生活の隅々まで浸透していることを象徴しているのであ

ろうか。

別にボロい携帯を使いつづけること、古い中古車に乗りつづけることが一流の証だと言っているわけではない。

重要なポイントは、「まわりが欲しがるから」「まわりの投資家が買っているから、売っているから」といった周囲に流された生き方ではなく、**まわりがどう思おうが、またほかの投資家たちがどう思おうが、自分の価値観に基づき主体的に決断を下している**ことだ。

下界の喧騒に惑わされず、自分に必要な機能を黙々と、その生命が果てるまで使いつづける億万長者な人々。そんな「いくらお金があっても、納得できないものには小銭すら払わない」という鉄壁の金銭感覚に、自分の価値基準および自分の判断に対する静かな気品と自信を感じるのである。

さあ、戦いの火ぶたは切られた。

私たちも下町のウォーレン・バフェットを目指して、まわりがなんと言おうと、自分なりのモノサシで自分にとってのお買い得品を擦り切れてなくなるまで使い倒そう

ではないか。

投資も買い物も人生も、大切なのは他人のマネをするだけでなく、自分の軸で判断することなのだから。

最強の働き方

23

【ミニコラム】

納得できないお金は、1円たりとも払わない？

「不要なオーバースペックにお金を払わない」という金銭感覚の厳しさは、金額の多寡にかかわらず多くの一流のプロフェッショナルに共通している。

先日インドにいたとき、オーストリア人とオーストラリア人のともに2メートルくらい身長のある友人で、非常に裕福な人たちと、ランチタイムにカレーを食べに行った。

そこで彼らは、5つ星のホテルに泊まりつつも、メーターを使わず100ルピー（200円程度）を請求してくるタクシーを即断り、メーター（50ルピー程度）で行くタクシーをひたすら探すのだ。**たかだか100円程度の差であろうと、「納得できない金は絶対に払わない」という執念が極めて強い**のである。

そのインドカレー屋でも、私がたまたまルピーの持ち合わせがなく、「シンガポールドルで多めに渡すから」とオーストラリア人の友人のひとりにルピー支払いの肩代わりをお願いした。ところが、「シンガポールドルは使わないから」と、非常に頑固で助けてくれない。

彼は非常に裕福な欧州系投資銀行のエース級の人材なのだが、お金のことに関しては恐ろしくシビアである。

この、**「仕事ができ、かつ金持ちの人に限って、お金に細かく、厳しい」**というのも、多くのケースで共通する特徴である。

逆に頭がよくても、常におごりまくっている人は、短期的にいいカッコができても、長期的に破綻する人が非常に多い。

私の過去のボスを振り返ると、アメリカ人のエリートで数十億円の資産を有している人は恐ろしく経費に厳しかった。出張も、経営者である自分自身でさえ数時間のフライトならエコノミークラスを使い、秘書に毎回、相見積もりまでとらせていた。ホテルの予算も厳格で、接待もひとり200ドルを超えると事前承認が必要なシステムにしていた。

しかしだからこそ、お金を預ける投資家の信認が厚く、「決して無駄遣いしない」**「他人のお金も、自分のお金のように大切に使う」という評判**を築いていた。また、あらゆる交渉事でも下手な妥協が一切なく、「この人と組めば、無駄なお金は出ていかない」という信頼を得ていたのだ。

人間的、友達的には融通がきいてどんぶり勘定の人のほうが付き合いやすい。しかしシビアな金儲けを任せるには、人間的には小さくても、前者のようなお金に几帳面なタイプのほうが、間違いがなかったりするのもこれまた事実である。

しかし、**使うべきときはスマートに使い、共有するべきときは共有するという公平さがなければ、たんにがめついケチで終わってしまう**ので気をつけてほしい。

【健康管理】健康

2カ月20キロ減量は当たり前のダイエット

——体重管理は「自制心」の象徴

「お客さま、大変申し訳ないのですが、安全ベルトが締まらないのでご乗車になれません。誠に申し訳ないのですが、ご退席いただけますでしょうか……」

これがわが人生で最高峰の屈辱の瞬間であった。

私の体重がピークの3ケタキロだった一昔前、ソウルのロッテワールドという遊園地でジェットコースターに長らく並んでようやく自分の順番が来たのに、なんとベルトのサイズが足りずに私は乗れない、とスタッフのみなさんに謝られたことがあった。

「こんなに並んだのになんでや！　安全ベルトなんかいらん！」と言い張ったところ、

3人がかりで一生懸命、「せーの!」といった感じの声をかけあい、なんとかベルトをバックルにねじ込んだ。そのとき私は、大いに運行時間を遅らせてしまったこっぱずかしさとお腹を締め付けるベルトの圧力に、顔を真っ赤にしていた。

その遅れている時間に、周囲から注がれる視線の冷たいこと冷たいこと。「デブがジェットコースター乗るなよ、ヴァ〜カ」とでも言いたげな、冷たい軽蔑の視線を感じたものである。

これが「さすがに体重を減らさんと、渡る世間が生きづらいな……」と私自身が感じたきっかけであった(ちなみにジェットコースターには身長制限があるのに体重制限、お腹まわり制限がないのは、おかしくないだろうか。これは意外な盲点だと思われる)。

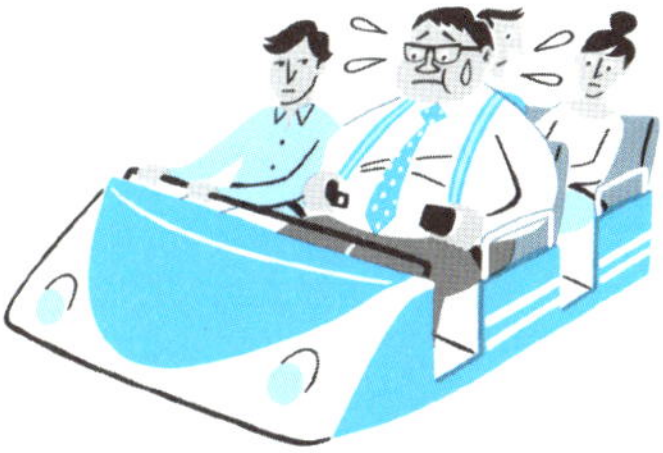

成功している人に、百貫デブはほぼいない

なぜダイエットが必要なのか。

もはや言うまでもないが、**体重管理は自制心の象徴**である。

みなさんは、有名なマシュマロ実験の話をご存じだろうか。

この実験では、アメリカの研究者、ウォルター・ミシェルが4歳の子どもにマシュマロを与え、15分間我慢したらあとでもうひとつのマシュマロを与えるとしたものだ。ここでしっかりと我慢できた子はより多くのマシュマロを手にできたのだが、少し待てばより多くのお菓子にありつけるのに我慢できなかった子どもも存在した。

その後、長期にわたってマシュマロを我慢できた子とそうでない子の人生をトラックしたところ、その後の学力や職業、収入で大きな差がついていたのだ。これは一見、「食い意地が張っている」と笑い飛ばして終わる問題ではなく、人生全体を左右する「自制心」の象徴的な問題なのだ。

「満足を得るタイミングを遅延させることができるかどうか」は、目先の利益より長期的利益を選べるかという自制心をあらわすのである。

本章の冒頭でも述べたように、デブで成功している一流のプロフェッショナルはほぼ皆無である。むしろ「この人、ひょっとして一生、死なないのでは?」と思うくらい年老いても若かりし20代と同じ体型を保っている。

百貫デブかどうかは、やむをえない病気のケースを除いて、これはたんに体重の問題ではない。**そもそも健康管理のため、自制心をもてるかどうかという「その人の信頼性」につながる問題**なのである。

最強の働き方
25

一流の人材は、頭脳以上に身体で差がつく？
――健康こそ意識・モチベーション・思考・行動の基本

「ハアッ、ハアッ、ハアッ、ハアッ」

このしんどそうな大きな呼吸が聞こえてきたのは、とあるカンファレンスコールでの出来事だ。驚くなかれ、シンさん（仮名、33歳）が、マラソンをしながら電話会議に参加してきたのである。

シンさんは体脂肪率8％を切り、いますぐオリンピックに出られるほどの極限まで絞った体型をしているが、運動好きは何もシンさんに限ったことではない。

私はいろいろな国のさまざまな職場で働いてきたが、皆、「グローバルビジネスの世界を選ばずスポーツにキャリアを見出していたなら、ウサイン・ボルトを追い越したに違いない」と思えるほど、走りが速いし何キロ走っても疲れない。

私の元同僚にも、マラソンやテニスといったオーソドックスなものからトライアスロンや自転車競技というハードなもの、そして極真空手、太極拳、キックボクシングにレスリングといった、かなりハードなスポーツを趣味にしている人が多い。

「いい大学を出て、いい会社で働いているエリート」というと青白いオタッキーな姿を想像されるかもしれないが、海外の同僚を思い起こすと、WWE（アメリカの最大手プロレス団体）からすぐにデビューできそうなくらい、筋肉モリモリの人も多い。彼らがお金をもっていそうだからといって、カツアゲしても十中八九、返り討ちにされるであろう。

彼らのスポーツへの情熱は、健康志向や趣味の世界を完全に超えている。

一流の人ほど、何をするにもストイックで徹底的だ。当初は趣味で始めたスポーツも、いつのまにかそこらへんのアスリートではかなわないレベルまで極めてしまう。

ちなみに運動にこだわる人は、あらゆる運動の基本である歩き方にもこだわる。ソウル大学の医学部を出て開業医をしているカンさん（仮名、60歳）は、私に会うたびに、股を狭めて足を広げず一直線に歩く効用を説く。そして腕を後ろによく伸ばしつつ腹より胸を前に出して歩くことで得られる劇的な効用を私に語るのだ。

また私の知人の東京大学医学部出身の河合氏（仮名、35歳）も、姿勢を正し視線を下げて座らない「正しい座り方」の重要性を説く講演活動で大忙しだ。最高学府の医学部を出ると、歩くのも座るのも一大事なのだろうか。

このような人たちの前では私はおちおち歩くことも座ることもままならないわけだが、多くのビジネスパーソンがこのような医師から「歩き方」「座り方」の講習を受けているのは非常に興味深い。

これは余談だが、義務教育期間の学校での体育の時間も、アドホックなポートボールやバスケットボールでなく、一生を通じて健康を左右する「正しい歩き方」「正しい座り方」を完全にマスターできるプログラムにすれば、どれほど社会の健康寿命が延びるだろうか。

運動を正しく、一生懸命する習慣のある人は、仕事のパフォーマンスが高くなる蓋然性が高い。**運動は自己規律および集中力、継続力のあらわれであるとともに、仕事の生産性に必要な健康への投資**でもあるからだ。

皆、頭脳の性能を高める競争ばかりしているためにそこでは大きな差はつきにくい。しかし、そのフィジカルなインフラである肉体では意外と大きな差がつくものなのである。

最強の働き方
26

【内面管理】

ストレス管理

「心のストレス引当金」を積む
——大成する人は、ストレス耐性も強い

「あのバカ上司のせいで、私、気が狂いそう!」
「無能な部下のせいで、俺の商売があがったりだ!」
「お前のわがままには、もうウンザリだ! 別れる!」

私たちの日常は、小さな怒りから大きな激怒まで腹の立つことが多いものである。

しかしそのたびに「転職してやる！」「別れて新しい恋人を！」などと腕まくりしていきりたっているようでは、人はいつまでも進歩しない。結果的に、新しい会社や新しい恋人とも、同じような問題がひたすら繰り返されることになるだろう。

しかしながら、無駄な仕事を指示してくる上司や、期限どおりに正確な資料を仕上げない部下、自分のことは棚に上げて怒りをぶつける恋人に対して、大きなフラストレーションを感じない人はいないだろう。

こんな諸々の人間関係のストレスにめげずに明るく前向きにがんばるためには、どうすればいいのか。

その解決策はズバリ、**「心のストレス引当金」を積んでおく**ことである。

引当金とは、たとえば「貸倒引当金」でいうと、ある銀行がとあるお客さんに1万円貸したら、「1万円のうち2000円は返ってこないもの」とハナから諦めてその期に2000円を損失処理するという考え方である。

よって2年後に実際8000円しか返ってこなくても、その期には2000円の損失は発生しないとみなす、なぜなら2年前にその損失の覚悟と心の準備はしてしまっているから、というのが「引当金」の考え方である。

❖「どうせ3割は意味がない」と最初から諦めておく

これと同じで、**人間関係のストレスを減らすには「心のストレス引当金」を積むことが大切**だ。

常に一流のクオリティを目指すのはプロフェッショナルとして当然の本分ではある。しかし実際には自分の努力ではコントロールできないことも多い。理不尽な現実社会との折り合いをつけるべく、心のストレス対策もしてバランスをとらなければならない。

上司からの指示を受けるときは、「どうせ上司の指示の3割は意味がなく、不愉快で腹立たしいものだ」と最初から諦めておく。部下に指示をするときも「どうせ部下は指示の3割は突き返してやってくれないか、できても役に立たないひどい仕事だ」とハナから諦めておくのだ。

恋人に関しても同じで、「正当とは思えない理不尽な理由で八つ当たりされ、かつ自分のことを棚に上げて怒鳴り散らされるものだ」と最初からある程度、諦めておくのである。

この**「心のストレス引当金」を積むことは、職場やプライベートでの不愉快な出来事に関し、あなたがそれを「アッケラカン」とやり過ごすのに大きな役割を果たす。**なにせ、すでに最初の段階で、不快な事態になることが想定されている。よって、仮に部下の仕事や恋人の振る舞いがひどくても、あなたは激怒の台風に襲われることなく、台風の目の中で冷静にやり過ごすことができるのだ。

ストレスとの付き合い方を知る
――「人生は苦しいのが基本形」と悟るが勝ち?

幸い、世の中にはストレスとの付き合い方に関するさまざまな先駆者がいる。

私がおすすめしたいのはスタンフォード大学で教鞭をとるケリー・マクゴニガル氏の動画を見るか著書を読んで「ストレスは悪いものではないのだ」とストレスの解釈

の仕方を変えることだが、さらに哲学的におすすめしたいのが仏さまの教えである。
私はどの宗教にも哲学の体系として敬意を払っているが、仏教の諸行無常の教えが最もしっくりくる。一神教で永遠の命を求めるほかの主要宗教に対し、仏さまは「すべてのものは滅び、無常である」とおっしゃるのだ。そして人生はそもそもつらいものであり、苦難の中に平安を見つける教えが仏教の本質といえるのではないか。

人生およびその終着点である死に関して十分な「心のストレス引当金」を積み、「人生はそもそも苦難が続いて当たり前」くらいに思い直すことで、**誰もあなたの幸福を奪えない悟りの境地に達する**のだ。

最強の働き方 27

ストレスは翌週に持ち越さない
——「ワークハード・プレイハード」が一流の常識

「とにかく2週間以上空から飛び降りられないと、イライラして仕事にならないんだ」

これはMBB（マッキンゼー、ボストンコンサルティンググループ、ベイン・アンド・カンパニー）のうちの一社の某東欧オフィスで働いていた（最近退社した）、私の留学時代の友人、ガボン（仮名、33歳）の口癖である。彼は2メートルの長身を誇る、筋肉ムキムキのマッチョマンだ。

本人いわく、留学前の前職では自分が部下にすべて指示を出す立場だったが、いまや自分よりも年下の上司にパワーポイントのチャートづくりやエクセルでのデータ分析を指示される立場である。

人間味に欠け、尊敬できないマネジャーから、どうも無駄に思える分析を指示されるたびに、いつかその書類を床にたたきつけ、「こんなバカな仕事はお前がやれ！」と叫んで退社する自分の姿を、脳内で想像してなんとか平常心を保つ毎日だという。

ガボンのストレスはわからなくもない。たしかに下っ端コンサルタントの仕事では、その少し上の、シニアコンサルタントに「必要とは思えない修正のための修正」を指示されることがよくある。

そのシニアコンサルタントの仕事は、その上のマネジャーに修正を指示され、ワードで書けば3行で終わる提案内容をもっともらしく高級に見せるために200ページにおよぶ壮大なチャートで絵にしてプレゼン資料をつくることだったりする。そうした仕事に、ガボンはほとほと辟易している。

しかしそんな彼が、自分には全然向いていない対極の仕事だからこそ興味をもったコンサルの仕事を続けられるのは、週末に高度4000メートルの上空から1分かけてスカイダイビングすることでストレスをすべて吹き飛ばしているからだという。

「ほかにストレス発散する趣味はないのか?」と聞くと、「自家用飛行機を操縦することだ」と言うのだから、本当に空を自由に飛ぶことでしか一流のコンサルティングファームで働く大変な重圧を吹き飛ばすことはできないのだろう。

日常のストレスが大きいほど、非日常の趣味が必要?

言われてみれば、ストレスの多いいわゆるグローバルエリート企業で働く友人たちは、空を飛んだり海に潜ったり、かなり非日常な体験をすることで日常のストレスか

ら自分を解放する傾向が強い。

サウジアラビア人のそれはそれは太った私の友人（ドバイのコンサルタント）も、趣味はパラグライダーと、自家用飛行機を操縦して飛び回ることである。


そういう私は空から飛び降りるのは怖いのでやらないが、代わりに海に潜ってスキューバダイビングをするのが昔からの趣味である。同じ業界で働く友人の中にもスキューバダイビングフレンドは多い。

日常のストレスが大きければ大きいほど、人はバランスを保つために非日常な時間を過ごして現実から逃避したがるのだろうか。


別に上空4000メートルから飛び降りなくてもいいし、また海の底深くまで潜らなくてもいい。しかし**日常の仕事から離れて、自分の関心事項や欲求を満たしてあげる趣味の時間をもつことは極めて重要だ**。

仕事のストレスで崩れた自分の精神バランスを回復し、心身ともに健全な状態で月曜日からまた仕事に全力投球するためにも、**「自分に合ったストレス解消法」は仕事の生産性を大いに左右する大切な習慣**なのである。

一流の出世頭が読む、そこらへんの漫画
——仕事も人生も「遊び心」が大切

「ムーギーも、無理して『フィナンシャル・タイムズ』を読まなくてもいいよ。俺が隣にいなければ、どうせ『週刊SPA！』の袋とじの部分を、一生懸命切り裂いているんでしょ？」

これは私がまだ駆け出しのころ、出張でフライトが一緒になったときに、隣に座った尊敬する上司に言われた言葉である。

彼は業界の中でも高名な伝説のディールメーカーなのだが、読んでいる雑誌がいつも『ヤングマガジン』や『少年ジャンプ』、そして『週刊SPA！』なのだ。

彼も昔は「大人になって電車で漫画読むようなやつは恥ずかしい」と思っていたらしい。しかしいまやそんな大人が少なくなり皆、スマホでこそこそ読んでいるので、

逆に自分のような大人には希少価値がある、と開き直っているというのだ。彼は飛行機の中でも隙あらば少年向けの漫画を読み漁り、なかでもお気に入りは『キングダム』とのことである。

「さすがですね、社会一般の空気感を知るために、そうして社会勉強をなさっているんですね！」と持ち上げてみたところ、「ムーギー、そうじゃないんだ、俺はたんに漫画が好きなんだ！」と力強く主張する。

このように、趣味の時間でいわゆる低俗といわれがちな少年漫画を読んでいる一流の人はことのほか多い。**世界で活躍する一流のビジネスパーソンはてっきり趣味もオペラやミュージカル鑑賞かと思いきや、自由時間は意外と、普通の漫画やゲームにあけくれていたりする。**

そして逆に中途半端な一・五流くらいの人に限って、いわゆる「意識高い系」の自己啓発本を読み漁っていたりするものだ。

この上司いわく、「よく『こういう漫画を読むやつは低俗だ』とか言う人いるでし

ょ？　余計なお世話だってんだ、そんなことで仕事の能力なんかわかるかってんだよ！」と、その江戸っ子口調がじつに心地よい。

　ちなみにこの方はカラオケを歌うときもジャニーズやももクロを完コピするし、一発芸をするときは口に出すのも恥ずかしいパフォーマンスをためらいなく炸裂させてくれるのだ。

❖徹底的に集中し、オフは徹底的に力を抜く

　私も以前は立派な一流のビジネスパーソンになるためには、『フィナンシャル・タイムズ』か『ウォール・ストリート・ジャーナル』を常に持ち歩くのが義務だと思っていた。
　しかし**飛び抜けて出世している一流の人に限って、意外と羽目をはずしまくった自由時間を満喫している**。これはオンのときは徹底的に集中して、オフのときは徹底的に力を抜くという緊張と緩和へのこだわりからなのだろうか。

常に肩肘張って「俺は意識が高いんだ、低俗な趣味はまっぴらごめんだ！」と思っている方々に、肩をポンと叩いて申し上げたい。

「リラックスタイムは大いに羽目をはずしていいんですよ、ほら、『日経新聞』をしまってこっそり隠している『週刊ＳＰＡ！』をカバンから取り出しましょう」と。

最強の働き方

29

【成長管理】

学習習慣

自分の進化版２・０を目指す
——どれほど忙しくても、十分な勉強の時間を確保する

「いつまでもグローバルエリートやってたらアカンわな。次に会うときは、グローバルエリート２・０の姿を見せてみ？」

これは「東洋経済オンライン」の連載コラム「グローバルエリートは見た！」が人

気絶頂で有頂天だった私に、尊敬する上司が厳しくも優しく言い放った一言である。

ここでのポイントは、**「いかにうまくいっていようと、そこで成長が止まればすぐ飽きられる。常に成長し、変化することが大切だ」**ということだ。

たしかに一流の人は、会うたびにさらに磨きがかかって2・0バージョン（進化版）になっていて、私との差がさらに開いていくのがわかる。

私が尊敬する竹中平蔵先生は、大臣時代の激務の中でも毎日2時間必ず机に向かって読書に費やすという素晴らしい読書習慣をおもちだ。

竹中教授の大臣時代の側近の方が、竹中教授を評しておっしゃっていたことを印象深く覚えている。

「先生は大臣時代もどれほど忙しくても、必ず毎日2時間、勉強に費やされていた。大人になってからまったく勉強しなくなる人が多い中、先生は誰よりも勉強熱心で、常に進化・成長していかれる。そして昨日までの先生と今日、明日の先生がすでに違う人になっている。よって過去ばかり見て攻撃してくる人がいても、すでに的外れになっていることが多い」とおっしゃっていた。

たしかに先生は遠くから見ても高くそびえたっているが、近づいてみると、よりいっそう山頂が高いのである。

これに対して二流の人は会うたびに同じで、数回会うと、飽きて話題がなくなる。山は遠くから見たほうが立派ということがあるが、二流の人はいざ近づいてみると、いとも簡単に登れて、あっという間に登頂できてしまうのである。

❖人の精神年齢の自然成長は20歳止まり？

人の精神年齢の自然成長は、20歳くらいで止まることが多い（精神年齢の自然成長とは、放っておいても発達していく精神年齢のことを指す）。

人によっては中学生くらいでピタリと精神年齢の成長が止まる人もいる一方で、30、40、50になってもどんどん成長していく人もいる。この差はひとえに**「いかに偉くなっても、自分はまだまだ足りないと自戒し、向上心をもって勉強する習慣をもっているかどうか」**にかかっているのだ。

学習習慣がない人は、自分の限られた知識と経験値だけで勝負してしまいがちだ。新たな積み重ねがないので、会って1時間は面白い話ができても、あとが続かない。その後1カ月後に再会、いや、1年後に再会しても、下手したら5年後に再会しても、人としての成長を一切感じさせないのだ。

今日の自分を昨日の自分と比べたとき、何か変化し、どこが成長しているだろうか。別に毎日変化している必要はないが、ひと月、半年、下手したら1年、最悪の場合10年経ってもまったく進歩のないような人になってはいけない。

常に自分自身2・0を目指そうとまでは言わないが、「いつ会っても変化と成長のない人間」に成り下がってしまってはいけないのである。

最強の働き方

30

「他人の土俵」でも前頭三枚目を目指す

――基礎力と幅広い教養が大切

「うわ～、この人ら、こんなに有名なお偉いさんやのに、話なんも面白くないわ……。こんなんやったら、ひとりでYouTubeで勉強になる動画を見ていたほうが、よっぽどタメになったわ……」

先日、某国を代表する重鎮の方々と会食する機会に恵まれた。

この本の読者なら誰でも知っているような著名ジャーナリストや大臣クラスの大物、金融界の重鎮、某著名大学の有名教授……とそうそうたるメンバーが揃っていたが、そのとき思ったのは**「超一流の人は、自分の専門分野以外についても鋭い洞察を有している」**ということである。これは頭のよさが表面の知識ではなく基礎的なOS（オペレーティングシステム）のよさなので応用力が非常に高いのだ。

これに対し、自分の専門分野以外になると、まるでトンチンカンなことをいい、まさに平均以下、ワイドショーレベルの話しかできない人も少なくない。ここだけの話、そのときのメンバーの中にも、そういう人はいた。自分の分野しか語れない人は、「なんだこの人、有名なわりに、たいしたことないな」とあっという間に見抜かれてしまう。

しかし本当に一流の人はたとえ会話や議論が多岐にわたろうとも、どの話題についても鋭い見識を披露するものである。

この差は思考力、コミュニケーション能力、基本的な品性という、いわばその人の頭脳のOSが一流なのか、それともこのOSの部分は二流、三流で、たまたま自分がマニアックに突き詰めてきた狭い得意分野の知識だけが一流なのかの違いに由来するのだろう。

親愛なる読者の皆様の中には、何らかの分野で成功し、業界では「一流の人材」として認められている人も数多くいることだろう。しかしそれが、品性や人格を含めた人としての**基礎的なOS部分の一流に根差す評価なのか、それとも狭い専門分野で**

の知識やスキルに限られたものなのか、ぜひ自問自答しなければならない。

特定分野に特化した知性ではなく、幅広い教養や人間としての品性を磨くことが、一流の政治家にとってもビジネスパーソンにとっても重要なのだ。

❖仕事の「意識高い系」より、人生の「意識深い系」を目指す

ペルーに住んでいる友人に、大変な読書家で、欧州の某首脳のスピーチライターを務めていた男がいる。彼は、まわりのコンサルタントや金融機関の友人を指して「彼らは**自分の仕事のフィールドの実務的知識は立派だが、その他の分野になると何も知らないし、勉強している気配もない**」と残念がる。

たしかにいわゆるエリートとされる人々の中でも、自分の仕事の分野を一歩出ると、何も勉強しておらず世間知らずなケースは少なくない。そういう人は会話の内容が仕事の話しかないので、いつ会ってもあまり変化がない。

簡単にいうと、キャリア面ではいわゆる「意識高い系」なのだが、教養面では「意

識浅い系」なのだ。

❖誰の土俵でも、前頭三枚目くらいの相撲をとる

ちなみに私の尊敬する金融業界の大物は**「他人の土俵で相撲をとれるようになれ」**と常日頃からおっしゃる。これは専門分野や仕事だけに没頭していると視野と世界が小さくなることへの戒めでもある。

別にすべての土俵で白鵬関を目指さなくてもいいが、誰相手にもそこそこの取り組みをする殊勲賞くらい狙いたいものである。そして、「あの人、誰の土俵でも前頭三枚目くらいの活躍は見せるよね」と言われるくらいにならなければならない。

くれぐれも自分の仕事分野の話しかできない「専門バカ」、周囲から広い教養がないことを笑われているが本人だけがそれを知らない「裸の王様」、そして自分の専門分野に閉じこもって空威張りする「オヤマの大将」になってはいけない。

自分が知っているモノサシだけでしか他人を評価できない人は、真の教養人にはなれないのだ。

自分の守備範囲に関しては自信をもっても決して驕らず、他人の守備範囲に関しては知識がなくても関心と敬意を表す、そんな品格のある人こそが教養人というものである。

【章末コラム】

【二流】いつまでも勉強ばかりで一生行動に移さない「啓発ビンボー神」

――アイデアより、実行力で勝負が決まる

「よく、そんなしょーもないイカサマ・ビジネススクールや啓発講座に、高いカネ、払っとるな……」

いわゆる「意識高い系の人」たちは、それにしてもよく勉強する。それこそ、役に立とうが立つまいが、**「三度の飯よりもスキルアップが好き」**とでも言わんばかりにスキルアップに余念がない。

スキルアップの種類は多岐にわたり、英語、エクセル、会計、ＭＢＡの真似事のような集まりなど、アップしそうなスキルがあれば何にでも手を出す人が多いのだ。

あたかも何かのスキルが常にアップしていないと落ち着かず、逆にアップアップしている印象を与えるが、私がこんな親父ギャグを繰り出さざるを得ないほど、スキルアップばかりで目的を見失った「さまよえる子羊」は多い。

たとえば彼らは、自分の仕事や人生で成し遂げたいことには一切関係ないのに、「意識高いキャピタル」を食い物にする怪しげなビジネススクールもどき（もちろん、一部は立派なプログラムも存在）に単科受講生と称して行ったりする。そして分厚いリアルオプションの本を読み漁ったり、とにかく仕事や将来のキャリアに関係あろうがなかろうが、同時多発的に多方面のスキルアップに励むのだ。

しかし彼らの困った共通点は、いつまでたっても考えを実行に移さないことである。

彼らは、刺激を受けるのは大好きだ。しかしその感動は3日で冷め、絶対に行動に移さない。そして恐ろしいことに酔いの回った深夜、後輩相手の与太話だけは威勢がいいのである。

「金持ちになるには、自分を『レア・カード』にすることだ！　成功する仕事の基本は『掛け算』。『金融』『営業』『旅行業界』でそれぞれ100人に1人の人になり、その3つの掛け合わせで100万分の1の人材になれ！　同世代ではオンリーワンの存在になれ！」

「リーダーシップとは、才能があるかどうかではなく、リーダーシップを学びたいというスイッチが入るかどうかの差だ！」

「自分を紹介する『ストーリー』をもっておけ！」

など、どこかで聞いたことのあるような著名先生方の受け売りが、深夜の居酒屋にコダマする。

しかしよくよく聞いてみると、主に藤原和博さんのような立派な先生方が言っていたことを受け売りして語っているだけで、自分は何もできていないのである。彼らは何かを表層的にかじることはできても、「実行できるほどの深い体得」からは程遠い。

実行できるのは「居酒屋での、人生経験が浅い後輩への説教のみ」という、たんなる似非評論家の人も少なくないのだ。

結果的に、いろいろなことを少しずつかじり評論はするものの、何も実行できないという「器用ビンボー」ならぬ「啓発ビンボー」が多発しているのだ。

❖勉強を言い訳にして、行動に移さない啓発ビンボー

こういう「啓発ビンボー」の人の背中を後ろからガッシリと抱きしめて申し上げたいのは、**いつまでも自己啓発だけで終わってはいけない**、ということである。

30代にもなれば、それまで広げてきた視野やおぼろげながら見えてきた自分が勝負する得意分野を知っているはずである。そこで**リスクをとって最初のドアを開き、行動に移さなければならない**のだ。

いつまでも安易に勉強だけして仕事をした気分になっている人が時々いるが、そういう人は**「いつまで俺は勉強するつもりなんだ？」と自問してみよう**。

すると行動に移すのをためらう弱さや怠慢のいい言い訳に「勉強」を使ってしまっている、二流の啓発ビンボーになってしまっていることに気づく人も多いだろう。

シンガポールのホテル王の教え——「いつまで勉強だけするつもりだ？」

私の友人で自分が納得できるホテルビジネスを始めるべく、ローザンヌにある有名な大学のホテル学科で学んだ人がいる。

彼はペニンシュラホテルとヒルトンホテルで修業したのち、ＩＮＳＥＡＤでＭＢＡをとる途中でシンガポールのホテル王として有名な経営者と面談する機会があった。

そこでホテル王から、「いつまで勉強だけするつもりだ？」と言われて、頭を殴られたような衝撃を受けたという。それが**「いつまでも勉強ばかりしていたら、何も行動せずに勉強だけで終わる」**ことに気づいた瞬間だったらしい。

その後、彼はビジネススクールで学んだことと人脈をフル活用して実際の行動に出た。ソウルの不動産オーナーに、保有ビルを彼の新たにつくったホテルマネジメント会社に任せるホテルに改装し、その投資資金を出してもらうという、投資金額で一件あたり数十億円規模の提案を数十件行ったのだ。

断られても断られてもがむしゃらに、しかし誠実に続け、周囲に無理と言われようと全身全霊で営業を続けた。

そしてMBA卒業から1年後、彼は見事にソウルの東大門の一等地に立派なホテルを構えるまでになったのである。この逸話は、**「勉強ばかりして逃げていないで、勝負のため行動に出よ」**という教訓として、私が心にとめている物語だ。

教養に関しては常に幅広く視野を拡大して世界観を広げるのが望ましい。しかし、自分が「これで食べていく」という職業に関しては、**考えてばかりではなく、実行に移すエクセキューションで勝負しなければならない**のだ。

いつまでも「スキルアップ」や「来る勝負の日に備えての準備」という大義名分で、自己啓発にばかり励んでいる場合ではない。「この勉強、面白い！」という理由だけで勉強ばかりしている人は、「啓発貧乏神」にとりつかれて結局、自己実現ができないのだ。

さあ、啓発貧乏神様を企業家精神（アントレプレナーシップ）で除霊しよう。勉強家・評論家・批評家で終わるのではなく、実際に一回やって見せることのほうが、よっぽど大切なのだ。

アイデアに関しては多くの人が同じような考えをもつ。しかし、実際に差がつくのはエクセキューション能力なのである（ちなみに、ユニコーン企業の代表格であるUberもAirbnbも別にアイデアがユニークだったわけでなく、同じアイデアの先行企業を、スピーディーなエクセキューション能力で市場から駆逐したことは有名である）。

第2章のポイント

【早起き】

16 早起きは、鶏に負けてはいけない ［→P104］

早起きの習慣はあるか？　早起きは、不規則で堕落した生活を送らない「自己規律」の象徴である。

17 眠っているときだけでも、ビル・ゲイツに勝て ［→P108］

眠りの質は高いか？　眠りの量・質は脳の生産性に大きな影響を与える。寝具は自分に合った、最高のクオリティのものを選ぼう。

【時間厳守】

18 待ち合わせ時間とデッドラインを死守せよ ［→P111］

何事も、少しずつ遅れていないか？　遅刻やデッドラインの超過が続けば、「チームワーク不能」とみなされ、信頼を失う。

優先順位

19 プロフェッショナルの仕事は「タイムアロケーション」が極めて重要［↓P115］

時間の優先順位を、しっかりつけているか？　「仕事っぽいが不要な仕事」に時間を浪費せず、適切なタイムアロケーションで仕事の生産性を高めよう。

服装

20 服装はTPOをわきまえる――エリートも馬子も衣装次第［↓P118］

外見に気を配っているか？　TPOに即した服装管理が、あなたの「できる」イメージに大きな影響を与える。

21 フォーマルなパーティーでは、徹底的にドレスアップ［↓P122］

勝負服をおろそかにしていないか？　フォーマルなパーティーでは、最高の衣装でオーラレベルを最大化しよう。

22 買い物は他人の評価に惑わされず、「下町のウォーレン・バフェット」を目指せ［↓P125］

使いもしないのに、高い買い物をしていないか？　他人がつける値段に惑わさ

れず、主体的に考えて、費用対効果の高い買い物をしよう。

23 納得できないお金は、1円たりとも浪費しない ［↓P129］

不必要なものに浪費していないか？　お金に几帳面な人が、総じて勝利する。

【健康】

24 2カ月20キロ減量は当たり前 ［↓P132］

体重管理をおろそかにしていないか？　体重管理は、健康管理だけの問題ではなく「自制心」の象徴である。

25 運動好きで、歩くのも座るのも真剣勝負 ［↓P135］

健康管理に真剣に取り組んでいるか？　健康は意識やモチベーション、あらゆる思考・行動の基礎である。

【ストレス管理】

26 「心のストレス引当金」を積んでおく ［↓P138］

ストレス耐性を高めているか？　自分および相手の期待値をコントロールし、ストレスとうまく付き合おう。

27
ストレスは翌週に持ち越さない［↓P142］
ストレスはきちんと解消しているか？　「ワークハード・プレイハード」は多くの一流プロフェッショナルの基本である。

28
遊び心のある人でなければ、つまらない［↓P146］
オフタイムまで勉強ばかりしていないか？　仕事も人生も「緊張」と「緩和」が重要だ。

学習習慣

29
常に成長し、自分の進化版2・0を目指そう［↓P149］
常に成長を心がけ、多忙でも学習習慣を有しているか？　人は「ストック」だけでなく「変化率」も大切だ。

30
他人の土俵でも、ある程度、相撲をとれるようにしよう［↓P153］
「専門バカ」になっていないか？　専門分野の知識だけでなく、幅広い教養が大切だ。

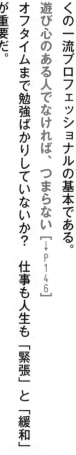

章末コラム

31 「啓発ビンボー神」になってはいけない

【→P158】

自己啓発ばかりでなく、実際の行動に移せているか？ 評論家で終わらず、実行の一歩を踏み出そう。

第3章

一流の心構え（マインドセット）

——一流と二流の間にあるもの

頭もいいし、学歴も高い。これまで述べてきた仕事の基本や生活習慣も盤石だ。

ただ、これらのことが完璧にこなせているのに、なぜか便利な下っ端で終わっている人も多い。

「頭脳が極めて優秀で仕事の基本もできていて生活習慣も整っているのに、一流のビジネスパーソンとして出世しない人」の最大の特徴はズバリ、「主体的なマインドセット」の弱さである。

ここで論じる主体的な心構えとは、「企業家精神（アントレプレナーシップ）」と「目線を高める」の2つに尽きる。

【企業家精神】

1　主体的に動く

2　先見の明をもつ

【目線を高める】

3　仕事の質にこだわる

4　危機感をもつ

5　期待を上回る

これらの心構え（マインドセット）の有無が、自己実現できるリーダーと、「勉強はできるが仕事はできない人」を分けるのだ。

一流の人は、やるべきことは自分で決めるし、その上司に「これもやったほうがいいんじゃないですか？」と積極的に提案する。

これに対して二流の人は、その部下に「これ、やらなくてよかったんでしたっけ？」と毎日のように突き上げを食らう。

そして、どれほど頭がよくても、自分の役職に求められる仕事だけを完璧にこなすのみでは、いつまでもうだつが上がらないのである。

主体性の有無は、あらゆる職業で一流と二流を分ける。

私は空港までなどの長距離タクシーに乗るとき、運転手さんから景気状況やお客さんの数の変動、売り上げの向上策などについて話を伺い、いろいろ勉強している。

あるとき、会社を超えて業界トップクラスの売り上げを誇るという運転手さんに出会った。彼いわく「業績を上げている運転手は、皆が待つタクシー乗り場でお客さんを絶対に待っていない。自分の頭で考え、自分で駆け回ってお客さんを見つけてくる」とおっしゃっていた。

そして「自分で考えて仮説を立て、その通りに業績が上がるのが楽しい」とも語ってくれた。こういう「主体的に考えている運転手さん」は、接客マナーにしても、スピードにしても、安全性にしても、すべての面で顧客満足度が高い。

一流と二流のマインドセットの差はひとえに、**「主体的に最高水準の仕事を目指せているか」**の一言に尽きる。

読者の皆様は、目線を高く、目標を大きくもって、顧客や会社からの期待を上回り、感動させるような仕事ができているだろうか。

これはよく感じることだが、**仕事が始まる前の目標の大きさ、目線の高さで勝負はすでについている**のである。大成する人や会社は、最初からナンバーワンを目指し、目標が高いからこそ、主体的に改善するためのアイデアがわき出てくるし、結果的に成長も早い。

私たちは上から言われなくても先回りして後先のことを考えて動けているだろうか。周囲から期待される以上の仕事を、他人より高いクオリティで提供できているだろうか。**満足した顧客の口コミや評判が仕事を大きくするのは、あらゆるビジネスの共通項**である。

そして危機感をもって、誰よりも短時間で実行できているだろうか。そのうえで主体的に仕事の領域を広げられているだろうか。

最終的に周囲から「なぜこの人、もっと上のポジションにいないんだっけ？　上司よりよっぽど価値を出しているよね？」と自然に思われなければ、いつまでたっても真のリーダーにはなれないのである。

一流のリーダーの共通点は、誰から見ても、自分の役職で世界最高水準の仕事をすることに、誰よりもこだわっていることである。

それでは本編で、「一流のマインドセット」の詳細について、一緒に考えよう。

最強の働き方

32

【企業家精神】

主体的に動く

上から降ってくる仕事は当然、つまらない
——やりたい仕事を見つけて、やったモノ勝ち

「ムーギー、仕事っていうのは、やりたいことをやったモノ勝ちだよ」

これは私が深く尊敬する田町さん(仮名、52歳)がくれたキャリアアドバイスのひとつである。

「真面目に上司が『やれ』といった仕事をひたすら一生懸命やっていれば、いつかご褒美にやりたい仕事を回してくれるなんて甘い考えをしていたらダメだよ」

「やりたい仕事は主体的に自分でつくっていくもの。やってしまってうまくいけば、まわりもあまり止めない。それでクビになっても、どうしてもやりたいことなら納得

できるはず」

とある超巨大財閥グループの上級幹部にまで昇り詰め、日本の金融界、産業界を知り尽くした百戦錬磨の田町さんだけに、語る言葉には説得力がある。

この**「面白い仕事は絶対に上からは降ってこない」**というのと**「面白い仕事はやったモノ勝ち」**というのは、キャリアを磨くうえで決して忘れてはならない大原則だ。

決して「好きな仕事だけやれ！」と言っているわけではない。むしろ好きな仕事をするというのは、「好きでないがやらなければならない仕事」を完璧にさっさと終えた者だけに与えられる特権である。

新入社員が「田中君、この資料をパワーポイントに直しておいて！」と言われて、「いやです。私は当社の戦略策定を担当したくて入社したのです（キリッ）」と出たとしたら、さすがにそれは笑止千万なのである。

❖「面白い仕事は上司が自分でやる」のが基本

しかしながら、自分がやるべき目の前の仕事が終わったのに、次のこれまた面白くない仕事が上司から降ってくるのを受け身の姿勢で待ったり、空いている時間を椅子に座ってボケッと過ごしているようでは、**「その会社にいるからこそできるかもしれない仕事の機会」をみすみす逃す**ことになる。

「上から振られる仕事は99%面白くない」「面白い仕事は上司が自分でやるので、まずもって自分には回ってこない」というのは、次章で述べる一部の一流の上司を除いて、職種や業態を超えた不変の真理である。

どの会社も課題などゴマンとある。その課題の中から自分がやりたいこと、自分だからこそできることを特定して自分で提案しなければ、**「あなたはセルフスターターではなく、たんに上から指示されたことをやるだけのサラリーマン」**とバカにされても仕方ないのだ。

面白い仕事、自分がやりたい仕事は、どれだけ与えられた仕事を一生懸命完璧にこなしても、上から降ってこない。

「面白い仕事はやったモノ勝ち」であり、**自分で面白い仕事を発掘する主体性の有無が、仕事の勝敗を分ける**のである。

最強の働き方

33

自分がやるべき仕事は、自分で考える

――能動的に「仕事の起点」になる

「どんな仕事をすれば会社にとってありがたいか、それを考えて提案することもムーギーの仕事じゃないかな?」

若かりしころ、会社のボス一人ひとりに、私がどんな仕事をすることを期待しているか聞いて回ったことがある。

「ムーギーのネットワークからビジネスを引っ張ってくること」

「いままで見てきた投資先企業のベストプラクティスを会社に導入すること」

などと具体的にコト細かなことを指摘する上司もいたが、最も印象に残っているのは、冒頭に挙げた**「何が会社にとってありがたいのか、自分で考えることも自分の仕事」**という社長からの一言であった。

なるほど、仕事の目標を上司に立ててもらっているようでは、自ら仕事の主導権を握っているとはいえない。そんな受け身のメンタリティーでは、面白い仕事を自分で見つけ出すことなどできないし、当然いい仕事などできるはずがない。

「自分が主体的に取り組む仕事でないと、いい仕事はできない」というのはビジネスの大原則である。自分が面白いと思って能動的に全力投球できる仕事でないと、結果的に大きな成果など残せないのだ。

❖ 受け身の姿勢では、自分の強みと仕事の幅を狭めてしまう

そもそも人は、上司にやることをすべて指定されると、自分で差別化する要素が極端に減ってしまう。自分が苦手な仕事ばかりやらされて腐ってしまう前に、自分の強

みが活かせて、面白い勉強になる仕事を主体的に創出していかなければならない。

主体的に仕事を始めなければ、よい仕事をしたところで、手柄の大半はその仕事をあなたに指示した上司がもっていくことになる。勤勉なあなたがいくら素晴らしい仕事をしたところで、「あの仕事は俺が指示したのだ」と上司にその手柄をとられてしまうのだ。

「会社であなたが何をすれば、会社にとって一番の貢献になるのか。どんな仕事ならば自分の強みが発揮でき、楽しみながら絶大な貢献ができるのか」

「自分をビジネスの能動的な主体ととらえ、ビジネスやプロジェクトの起点になったものがいくつあるか？」

この問いを自分に投げかけず、指示されるがままやっているようでは所詮、いつまでたっても二流なのである。

苦手か興味のない仕事で、うまくできるようにがんばっても、成果はたかが知れている。自分の興味と強みを発揮できて、かつ会社と顧客にとってもありがたい仕事を自分でつくる主体性こそが大切なのだ。この**「自分で始めることで生じる責任感」は甚大で、それが仕事を最後までやり抜く原動力にもなる**のである。

なお、これはもちろん、自分の義務である目の前の仕事をやったうえで「主体的に考えよ」と言っていることを忘れてはならない。

「来週金曜まで」と指定された打ち合わせ資料を用意せずに「何をやっていたんだ!」と上司に叱られたときに、「私は会社にとってありがたい戦略的に重要な仕事を、自分で考えてやるのです(エッヘン!)」みたいな態度だと、仕事の順番が大いに間違っているのである。あくまで目の前の義務を果たしたうえで、主体的に面白い仕事をつくっていってほしい。

34 先見の明をもつ

先回りし、長期的利益を優先せよ
——状況に反応するだけではなく、状況をつくり出す

「あの人、いつもリアクティブなんだよね……」

これはとある巨大投資会社の幹部が会社経営者の腕前を評価するときによく使う言い回しである。

リアクティブな人というのは文字どおり、何かが発生してからそれに対応を考えることで結果的に後手、後手に回ってしまう。これに対して**プロアクティブな人は、何か状況が発生する前に先手を打ち、状況をつくり出す側に回る**。

もちろん将来何が起こるかなんてわからないが、いくつかのシナリオを考え、たいていの予測可能な事象に対して対策をあらかじめ講じておくことが重要である。

たとえばあなたが恋人と付き合っているとして、交際相手と問題が発生するのを待ってそれを直していくようでは、すでに遅い。

まずあらかじめ、彼氏彼女が気にするポイントは何なのかを聞いておき、その地雷を踏まないようにするのが肝心だ。交際相手のすべての地雷を踏んで毎回爆死しているようでは、仕事の能力も心もとない。

会社を経営している人には当たり前で恐縮だが、1年後、3年後、10年後と起こりうる重大シナリオを予想し、大きなリスクファクターが現実になったときに「打つ手なし」となって倒産するのを防ぐ。

将来、起こりうるリスクを予想して事前に手を打っておくというのは、たとえば契約書作成および事業化の事前交渉でも、将来の命運を分けることになる。

将来起こりうる事象に対しどれだけ先回りして先手を打てるかという常日頃のマインドセットが、一流の働き方には不可欠なのである。

❖先見の明をもち、長期的な利益を優先する

そもそも世の中にはプロアクティブな人よりリアクティブな人のほうが圧倒的に多いので、少しでも先を見越して準備するだけで、それは大きな強みになる。

とくに他人が必死で考える目先の状況に対処するだけでなく、どれだけ時間軸を長くもって考え、どれだけ先回りして準備万端にするかで、あなたの思慮深さに対する周囲からの印象は大きく変わる。

短期的なことはみんな必死で考えるので差別化は難しいが、長期的なことは考えている人の数が格段に減るので、一流と二流の差が出やすいのだ。

人は目の前の小さな利益をめぐっては大いに戦うが、長期的な大きな利益に関しては意外と無関心なものだ。

そしてここに、長期的視野に立って物事を考える人が成功する理由があるのである。

石橋を叩いて、叩き割る二流のエリート
――アーリームーバーだけが大勝ちする

「アフメッド、なんであんなに早いタイミングに、Uberに入ることを決断できたんだ？」

これはアフリカ某国の恐ろしくハンサムな元投資銀行家の友人との最近の会話である。

彼は投資銀行の高い給料を蹴って、まだUber（アメリカ発の自動車配車サービス）が広く知られる前に入社し、その後、複数の国を担当する重役に抜擢され、20代にしてストックオプションで巨額の富を築き上げたのだ。

いまでこそ数兆円の価値で評価されているUberだが、彼が入った当初はまだ3000億円程度の評価額だった。それが数年で、じつに20倍の企業価値に成長したのである。

入社時のストックオプションの価値を計算するとすでに人生一丁も二丁もあがって

いる。しかし金額以上に、弱冠28歳の自分に与えられる責任の大きさと古い巨大タクシー産業に世界各地で創造的破壊をしかけるやりがいの大きさに、彼は非常に満足しているのだ。

アフメッドがその決断をできた理由は、第一に職場で高く評価され良好な関係を築いており、いつでも戻れるので「リスクが低い」と判断できたことだ。この**「現職との良好な関係」が転職するときの最大のリスクヘッジであるのはどの国でも同じ**である。

もうひとつのきっかけは、先方から入社を呼びかける熱烈なラブコールだった。そのころ、Ｕｂｅｒのことは自分も含めて周囲で誰も認知していなかった。しかしＵｂｅｒで働くＭＢＡの先輩に話を聞くと面白そうだと思い、新たなビジネスモデルの先駆者として挑戦してみたいと思ったというのだ。

私のまわりを見回しても、**結局、収入の面でもやりがいの面でも若くして大成功と呼べるほど大稼ぎをしているのは、ほかの人が動く前に「アーリームーバー」としてリスクをとって飛び込んだ人たち**である。

私のまわりで数十億円、数百億円という莫大な資産を築いた人に共通しているが、桁外れの富を築き上げた人たちは、大きな波が来る前に「アーリームーバー」としてさっさと自分でその分野で仕事を始めて、ライバルが始める前に「第一人者」になる。

すると市場機会が大きくなるとき、ライバルが始める前にお客さんがあなたに集中する。

結果的に、ますますライバルと過去の実績で差がつき、そして**「たんに早く動いたから」という理由で仕事の実績と信頼を、ライバルに先んじて積み上げることができる**のである。

❖石橋を叩くだけで渡らない二流のエリートたち

これに対して、優秀でひょっとするとその創業者より頭は断然いいのに、たんなる便利な社員で終わるのが「レイトムーバー」ないし「フォロワー」のみなさんだ。

なにせ、真面目だけにリスクをとれない性格なので、慎重に考えてばかりで「石橋を叩いて渡らない」。それどころか、石橋を叩きすぎて叩き割るのだ。

偏差値エリートのみなさんは、あたかも（競争が激しく血で血を洗う）レッドオーシャンが大好きであるかのようだ。競合相手が多くいないと、落ち着かないのだろうか。

しかしこれではすでにライバルが多すぎるし、雇う側は殺到する優秀な応募者の中から部下を選ぶこととなる。結果的に、雇われた後発のエリートたちは苦労するわりに、収入が低くなってしまうのである。

もしもあなたが何かお金儲けのためにやろうとしていることがあるなら、しかと胸に手を置いて考えてほしい。

「自分が疑っている常識は何か？」

「自分が解決しようとしている問題は何か？」

「自分にはその分野で、ライバルに先駆けて提供できるものがあるだろうか？」

「そもそも自分はライバルよりも先に動けているだろうか？」

これから戦おうとしている分野で「アーリームーバー」でないと、業界のリーダー

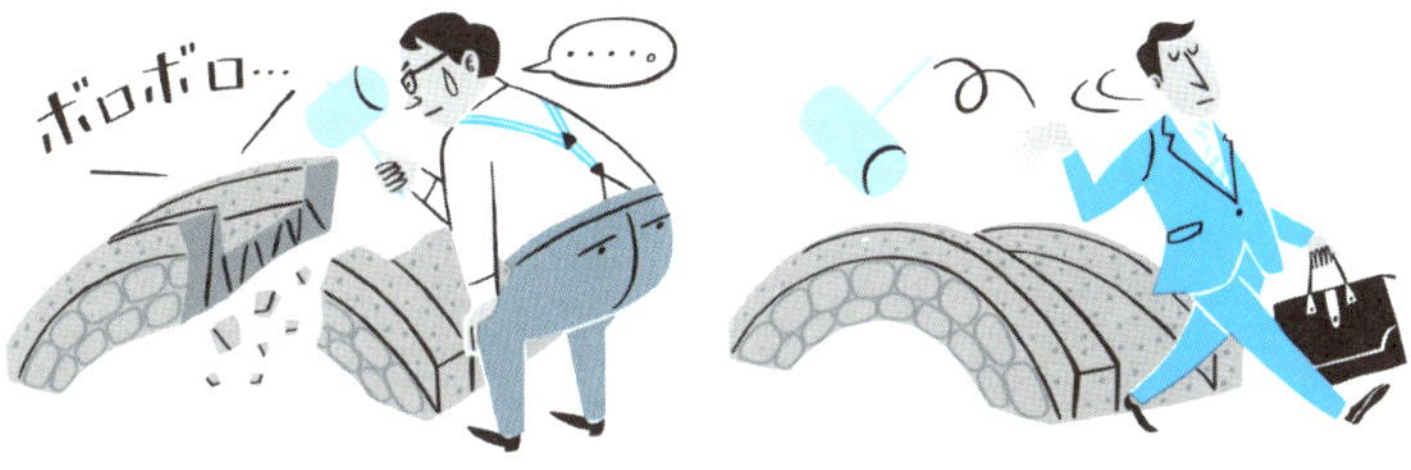

としての評判と信頼を享受することは難しい。

結局は出遅れたフォロワーたちの熾烈な競争に巻き込まれ、上司を太らせるためにあくせく働く人生で終わってしまうのである。

ここでの教訓は、**途方もなく賢いが慎重すぎる人よりも、「勉強のＩＱ」は平凡でも他人に先駆けて動く行動力のある人のほうが結局、何かを成し遂げることが多い**ということである。

最強の働き方
36

【目線を高める】

仕事の質にこだわる

お土産のコップ選びひとつにも徹底的にこだわる
――仕事の質にこだわれる人だけが勝つ

「仕事にこだわれ。こだわりのない仕事はするな！」

これは私が若手時代、尊敬する上司に言われ、いまでも胸に深く刻まれている言葉である。

その方は仕事の一つひとつを自分の作品と思って全力投球せよとおっしゃっていたものだが、何をするにも実際、事細かなこだわりが多い方だった。

資料ひとつにしてもメッセージ一つひとつの中身やそれを打ち出す順番、そして年月日表記のフォーマットまで、一つひとつ要望を聞いていたら一生資料が完成しない。

なかでも私が最もその「細部へのこだわり」に敬服したのが、いまも忘れぬ「お土産事件」である。

私のシンガポール時代、世界中からお客さんが集まる大きなフォーラムを主催することになったとき、誰を呼ぶか、どんな資料にするか、どのような食事を出すか、会場設営はどうするかなど一つひとつにこだわるのは理解できたが、そのとき私がいちばん驚いたのが**「当日配るお土産」に関する徹底したこだわり**だった。

私も世界中の会議にいろいろ出かけた身だが、記念にもらうお土産は、ありがたかったためしがない。というのも**「会議のお土産は無駄なものが多い」と相場が決まっている**からだ。

絶対に使わない主催者ロゴの入ったダサいカバンや、いまどき使うわけのない鉛筆セット、そしてトイレの会社がくれたトイレ型携帯ストラップなど、それはそれは不要なお土産に苦しめられてきた。

よって私には、「お土産なんて誰も気にしないから、そんなことに検討の時間を使うのはたんなる自己満足で時間の無駄」と思ってきたフシがあった。

しかしこの人はフォーラムの準備会議で、20人を超える準備委員会の時間を何日も使って、「お土産を何にするか」「お土産を包む包装紙はどれにするか」「その包装紙を結ぶリボンはどれを使うか」で侃々諤々の議論をするのである。

お土産選びひとつに、こだわり抜く姿勢が出る

私は最初、「もっと自分の高い給料を正当化するのに必要な、大切な仕事があるん

じゃないの？」と内心いぶかっていた。しかし、最後に出てきたお土産の完成品と、そこに至るまでのプロセスを見て自分の見当違いを恥じ、考え直したものである。

最後は淡いオレンジがかったグラデーションが美しいコップセットに落ち着いたのだが、その色は会社のロゴと統一感があって美しい。

またコップの作製は当時保有していた陶磁器会社に依頼しており、かつ追加投資した飲食会社がつくったお茶のティーバッグがおまけに仕込まれていたのだ。

さらには今後、お土産の注文をその投資先が受注できるように、会社の営業担当の連絡先まで入っているという念の入れようである。

「たかが、お土産ひとつ」とやっつけ仕事をするのではなく、そこに込めたいメッセージや「お土産」の枠を超えて果たせる目的、意味合いなどを徹底的に議論した結果が、コップセットに凝縮されていたのだ。

最終的に手渡されたコップセットは説明の一つひとつに、あたかも名画に描かれた構図や対象物の意味合いを説明して解釈するかのごとく、深遠なメッセージが込められていた。

そこでは商品そのもの以上に**「なぜこのようなお土産にしたのか」という解説部分に、一流の仕事とこだわりの神髄を見た思い**であった。

たかがお土産、されどお土産。

どんな小さな仕事にでも徹底的にこだわり抜く姿勢は、大きな仕事にも期待できる「こだわりの強さ」を連想させるものである。

一つひとつの仕事の質にどれだけこだわれているか、何を理想とするかという「目線の高さ」に、仕事に向き合う姿勢全般があらわれるのだ。

最強の働き方
37

寿司は哲学にお金を払う?

――雑学ではなく、哲学のある仕事をせよ

「寿司は、お寿司屋さんの哲学に代金を支払っているんです」

東大を出て欧州の金融グループで長年ファンド業務に従事した萌子(仮名、28歳)は、

初対面から一流のお笑い芸人顔負けの的確な突っ込みと超ポジティブなマインドセットで、私を面食らわせてくれた。

私のお気に入りの世界中のビールが集う都内のバーで、私の大学の後輩とその友人であり同じ会社で働く萌子が「都内の美味しいレストラン」について話していたときのことだ。

「寿司屋は正直、そこまで味に大差はない。しかし、なぜ板前寿司とすきやばし次郎で一桁値段が違うのか」を議論していたときに出てきたのが、彼女の冒頭の一言、**「寿司の代金は、寿司屋の哲学に払う」**という名言である。

寿司マニアの彼女は、いまでは安価なチェーン店でも非常に鮮度と質の高い寿司を出しており、実際テレビ番組でミシュラン獲得の高級寿司店と都内の某チェーンを比べても味に値段ほどの差はつかなかった、と認める。

しかしながらこの10倍の価格差に関して、萌子は「『寿司はこういうこだわりでつくりたい』というお寿司屋さんの哲学に代金を払っている」と言い切るのだ。

たとえば都内の某老舗の寿司屋さんは、シャリはすべて特定の土鍋でゆっくり炊き上げ、すべて特定の赤酢でしめる。

そこには、「じつは赤外線ヒーターのジャーでコメを蒸して、普通の寿司酢を混ぜたほうが美味しい」といった効率性は二の次である。

ネタには丁寧な切り込みが縦横無尽に入れられているが、「それによって値段が3倍になるなら、そのまま新鮮なネタを3倍出してほしい」とかそんな野暮なことを言う人は、決してこの寿司屋に行ってはならない。

醤油は大将が思うところの適切な量があらかじめ塗られて出てくるため、じつは醤油をあまりつけずに食べたい人は、自分の裁量でさじ加減を変えることもできないという不自由さがある。

しかしそれでも人は、**この「こだわり」に10倍の代金を払う**のである。

一流の人がもつ「最高水準の仕事へのこだわり」

そういえば過去にお世話になった一流の上司のひとりも、私を大変高級な寿司屋に連れて行っては、「こういう一流の仕事をしろ！」と私に笑いながらハッパをかけてくれたものだ。

そのときも、味もさることながら寿司職人の凛とした佇《たたず》まいと、細やかな仕事ぶりに感動したものである。

思い起こせば私たちは、自分の仕事に対して「自分だからこその徹底したこだわり」をどれだけもっているだろうか。中途半端な雑学ではなく、**自分が思うところの一流の仕事に関する哲学は何で、そんな「哲学的価値をお客さんにもたらしているか」を自問すべき**ではなかろうか。

お客さんに提供するモノやサービスは、競合相手に比べて一見、大差はないかもしれない。しかし、それでも高い評価を受けて成功する一流の人は、自分の仕事に「一流のこだわり」ともいえる、自分なりの美学・哲学をもっている人たちなのだ。

最強の働き方
38

危機感をもつ

危機感と、競争意識をもつ
——ライバルを意識し、緊張感を忘れない

「我々は、いつの間にか自分たちがナンバーワンだと慢心し、危機感を失い、もはや最先端とはみなされていないのではないか」

これはシンガポールの私が尊敬する上司が、チーム全体を引き締めるために全体会議でよく言っていた戒めである。

この危機意識の醸成は、一流のビジネスリーダーが共通して担う役割のひとつだ。サムスンを巨大コングロマリットに育て上げた李健熙《イ・ゴンヒ》会長も、サムスンのスマートフォンが一世を風靡していた絶頂期のときから、社員の危機感醸成に余念がなかった。「10年以内にいま売れている商品は何も売れなくなる」「嫁と子ども以外はすべて変えろ」と、常に危機感と変化の必要性を強調し、スピード経営に努めてきたことは有

名である。

トップリーダーの危機感の対象は、新商品の開発の遅れから低下する顧客満足度、組織の絶え間ない若返り、リーダーの養成など多岐にわたる。

人間や動物の歴史が危機を乗り越えるための「進化と変革の歴史」であったことを思い起こせば、**生存競争に対する危機感こそが、競争に打ち勝つ原動力**だといっても過言ではなかろう。

危機意識を醸成し、競争に臨む

思えば現代の人間は、ほかの動物に比べて危機感が希薄である。

私は動物、なかでもライオンや虎に関心が強く、動画サイトでライオンや虎を検索してその雄姿を見ることが多い。するといつの間にか、「ライオンvs.虎」「熊vs.虎」など、悪趣味な人間が行った猛獣対決の動画がたくさん出てくる。

そこでは、それぞれライオン推し、虎推し、熊推しの猛獣ファンが、最強の動物に関して熱く議論していてとうてい付き合いきれないのだが、猛獣同士の戦いを見ていると、非常に過酷である。

「ライオンvs.象」などの戦いと比較すると、自分がかいくぐってきた競争社会とは、いかに緩かったのかと、愕然とする。

いまでこそ競争することは時代遅れみたいな文脈で語る風潮が強まっているが、人間はそもそも、競争し、変化して生き残ってきたのだ。**「自然界では最強のものが生き残るのではなく、変化できるものが生き残る」とはよく言われる摂理だが、そんな変化の最大の原動力は、生存競争への危機意識**である。

私は何も、心優しき読者の皆様にいまから「資本市場のライオン」になって、競争相手を食い千切ろうなどと言っているわけではない。ただしそもそも生きている限り、激しい競争をするのがあらゆる動物が経験する自然の摂理であることを、思い起こしていただきたいのである。

多くの会社勤めの読者の皆様を鑑みて、より現実的な状況に当てはめよう。

たとえばこれは私自身も自戒することだが、「いま自分がやっている仕事は、もっと給料が安い人の中にも、自分以上に速く正確に仕上げられる人がいる」という厳しい競争を想像すると、自然と緊張感をもって背筋を伸ばして働けるものである。

平和で便利な社会に慣れきってしまい日ごろ危機感が鈍りがちな私たちは、自分の仕事を奪い合うライバルとの競争を意識することで、危機感をもって100%以上の力を出せるのだ。

最強の働き方

39

「これがラストチャンス」と思って切迫感をもつ
——器用な人が意外と出世しない理由は、切迫感の欠如

「チャンスって、そうないよ。これがラストチャンスと思って仕事しなよ」

これは尊敬する香港人の先輩が、それはそれは高いステーキをセントラル(香港の中環駅周辺）にあるレストランでご馳走してくれたときに呟いた一言である。

つい怠けがちな自分に限界以上の仕事をさせる方法のひとつは、**「これがラストチャンス。これで成果を出せないと、次のチャンスなどない」と自分を追い込み、切迫感をもたせる**ことである。

これは優秀だが、いま一歩、一流のスター選手には及ばない一・五流のビジネスパーソンにとってとりわけ重要になる。

いかんせん放っておいてもある程度は器用にこなせる一・五流の人は、往々にして「器用さの罠」にハマってしまい、全力を尽くして極限まで自分を追い込むストイックな姿勢に欠ける。そしてその手抜きの姿勢が、一流になれない最大のボトルネックとなるのだ。

一流になれない人の特徴は、なんといっても「油断」である。

「自分はそこそこ頭もいいし、そこそこ要領もいい」と何かとそこそこできるゆえに、「自分をストレッチして、絶対に最高の仕事をするんだ」という切迫感が皆無だ。「油断大敵」という言葉があるが、彼らにとって油断は親友か恋人である。

彼らは何をするにしても緊張感がなく、「まっ、適当にやっておけばそこそこのポジションまで行くだろう」と、がんばらないわりに希望的観測だけは一人前だ。加えて根本的に、「これで失敗しても、最後は大丈夫」と、彼らは常に油断しているのである。

❖ IQより集中力が勝負の分かれ目

そもそも世界トップクラスの人材が集う職場は、もはや頭のよさといった個人のスペックで差がつく世界ではない。

むしろ皆、ある程度高い能力に恵まれているので、どれだけその能力を一つひとつの仕事に集中して発揮できるかが勝負の分かれ目になる。

優秀だが放っておくとつい怠けてしまう、とくに「自分は窮地に陥らないとがんばらないタイプ」を自認する怠け者は、ぜひとも自分を精神的に追い込もう。自分自身を脅かす時間を毎日もち、**緊張感、切迫感、危機意識をもってこそ、期待される以上の仕事ができる**のである。

最強の働き方

40

期待を上回る

給料とポジションの仕事をする
――「自分がいなくなったら回らない仕事」がどれだけあるか

「上に昇進させるのは、いまの給料、いまのポジション以上の仕事をしている人。そのうえで『その人がいなくなったら回らない仕事』がどれだけあるかが肝心なんだよ」

港区は六本木で、某著名投資ファンド代表の清家さん（仮名、49歳）が、私を豪華な隠れ家イタリアンレストランに誘ってこう語る。

清家さんは私のデビュー作を読んで「面白かったから、ご飯でも行こう」と祝賀の意味も込めて夕食に誘ってくださった、それはそれは立派な方である。

清家さんが語る「自分の給料、自分の役職以上の仕事をしているか」は、成功している大ボスたちに「出世の条件」を聞いたときによく返ってくる答えのひとつだ。

私自身もかつての上司に「昇進の基準は何か？」を尋ねたところ、

①**もらっている給料以上の仕事をしているか**
②**いまの役職以上の仕事をしているか**
③**その人がいないと回らない仕事がどれだけあるか**
④**その人がいることで組織に何かいい変化があるか**（組織にレガシーを残すか）
⑤**同程度の働きをする人を同じ給料で雇おうと思っても無理**

という5点を指摘された。違うボスからもほぼ同じ内容を聞いたので、この5つのポイントは出世の条件に欠かせない本質的に重要な点といえるだろう。

このどれにも当てはまっていない方は、内心ドッキリされたのではあるまいか。

❖「いなくても困らない人材」に、昇給や昇進の見込みは低い

いまの給料、いまの役職以上の仕事をしているのはもちろんのこと、出世街道を突き進むためには、**「③その人がいないと回らない仕事がどれだけあるか」**が鍵になる。

私自身が自分を大いに棚に上げて部下を評価するポイントを振り返ってみても、**「この人に辞められたら仕事が大変になり、回らなくなる！」というのが、その人に会社にいつづけてもらううえで最大の理由**となる。

逆に、「まあ、仕事らしきことはしているけど、いなくなっても別に……困らないよね？」という人は、残念ながら昇給や昇進の見込みは低い。

世の中の大半の人は昇給や昇進を望むが、もらっている給料以下、いまのポジション以下の仕事しかしていない人や、そもそもいなくても困らない人も驚くほど多いのだ。

そういう人に限って、本質的に重要でない仕事だけやって、「これもやったじゃないか！　あれもやったじゃないか！　会社は俺の仕事を評価してくれない！　こんな会社、辞めてやる！」と声高に叫ぶのだが、しかしそれを口に出したが最後、会社からは「待ってました！」とばかりに「強制的な円満退社」に追い込まれるのである。

いま現在、はたして私たちは会社からもらっている給料と役職以上の仕事をしているだろうか。そのうえで「あなたがいないと回らない仕事」がいったいどれだけあるだろうか。

「あなたじゃなくてもできる仕事」をやっている限り、いま以上の出世は到底望めないのである。

最強の働き方

41

日々の仕事で「エキストラ・ワンマイル」を行く
──「自分の限界と期待を上回ろうとする姿勢」が勝敗を決める

「あなたは自分の仕事で『エキストラ・ワンマイル』を行ったか?」

これは私が働いてきた複数のプロフェッショナルファーム(コンサルティングファームや金融機関)で評定のときに必ず入っていた一文である。

「エキストラ・ワンマイル」というのは、私が働いてきた複数の外資系プロフェッショナルファームの社内評価でよく使われた用語である。

要するに、**「普通の人がやるであろう努力の一歩先を行く努力をしたかどうか」「自分の限界を超える圧倒的努力をしているか」**という姿勢が問われているのだ。

投資業界の先輩の磯野さん（仮名、40歳）は、前職でも、また転職先のいまの会社でも、なぜだかトップアナリストとして大活躍している人である。

磯野さんが前の会社を辞めるときには、当時のＣＩＯ（チーフ・インベストメント・オフィサー）から倍額の給料を提示されて必死の引き留め工作にあっていた。

また競合大手の会社による引き抜きの面接を受けたときは、いまの会社のＣＥＯがわざわざニューヨーク本社から電話をしてきて引き留めの説得を行ったほど、会社から重宝されている人材だ。

プライベートでは香港とシンガポールと赤坂のキャバクラで遊びほうけている磯野さんが、なぜいつもトップアナリストとして君臨できるのだろうか。

その秘訣を磯野さん本人に聞いたところ、「オンとオフを完全に切り替えて、仕事では絶対に妥協はしない」という点に加えて、「ほかの人がやらないレベルで『エキストラ・ワンマイル』を行く」ことを挙げていた。

磯野さんに限らず「『エキストラ・ワンマイル』を行く」というのは、冒頭でも述べたように多くのグローバル・プロフェッショナルファームで掲げられる価値観である。

私の前の会社の評定項目でも、「『エキストラ・ワンマイル』を行くリサーチをしているか」という項目があったし、ほかの職場でも「限界点からストレッチしているか（自分の限界を超えて、さらに努力しているか）」と問われていたものである。

❖「エキストラ・ワンミクロン」の努力こそ、紙一重の勝負に勝つ力

日々の仕事で「『エキストラ・ワンマイル』を行く」ことができるかどうかは、何億円も稼いで世界中から引っ張りだこになるトップアナリストと、パッとしない給料で人手不足のときだけ雇われ、景気が悪くなるとあっという間に解雇される普通のアナリストの境界線になる。

これは100メートル競走で9秒5の人と10秒の人の年収に3桁ほど開きがあるの

と同様で、紙一重で横一線に大勢が並ぶ中、ライバルを少しでも上回る努力が桁違いの評価の差につながるのだ。

磯野さんの場合、たとえばインドネシアの銀行に投資する案件があれば、ジャカルタなどの大都市だけでなくほかの地方都市のひなびた支店まで回っていた。そして、窓口に並んでいるお婆さん一人ひとりに話しかけては「なぜほかの銀行でなく、この銀行に預けるのですか？」と聞いて回るなど、ほかの人がやらないレベルのリサーチを行っていた。

これでは、冷房のきいた会議室でボケッとスライドを眺めるだけの競合アナリストに勝ち目がないのは当然である。

私たちは日ごろの仕事ぶりを振り返ったとき、ほかの人では到達できないような「『エキストラ・ワンマイル』を行く」ことができているだろうか。

「エキストラ・ワンマイル」とまではいかなくても、**「エキストラ・ワンセンチ」「エキストラ・ワンミクロン」でもいいので、期待を上回るパフォーマンスを残せているか**を常に自問しなければならない。

るのである。

日々の仕事における「少しでも期待を超える努力」こそが厳しい競争の明暗を分けるのである。

最強の働き方

42

会社に「レガシー」を残す
――あなたが会社を去っても、会社に残るものは何か？

「株価を当てるのはムーギーの役割だから、よくできて当たり前だよね？　どうせいつかは組織をみんな出て行くんだから、自分が在籍したことでどんな『レガシー』を組織に残せるのかを考えなきゃ」

これは私が若かりしころ、上司からフィードバック・セッションで言われた一言である。

「レガシー」というのは「その人が組織を去っても残る組織的財産」のことである。

「組織的財産」はたとえあなたが会社を辞めて給料が発生しなくなっても引き続き会社に便益をもたらしつづけるので、会社にとってこれほどありがたいことはない。

そういう期待以上の働きをする一流の人材は人材マーケットでは引っ張りだこになるし、在籍する会社の中では出世コースを駆け上がることになる。

よくよく考えてみれば、**ビジネスパーソンなら給料をもらっている以上、自分がやるべき仕事で目標を達成するのは当然**である。それができたうえで、**追加的に「どのようなレガシーを組織に残せるか」がライバルに差をつける重要なポイントになる**のだ。

この観点でいうと、二流の人材はとかく、組織にレガシーを残さない。

自分の目先の利益に注力するので、人間関係も極力独占するし、自分の仕事は極力ブラックボックスの中に放り込み、自分がいなくなれば組織が回らないようにすることで自分の社内での価値を確保しようとする。

これに対して一流の人は、自分がいなくなったあとも自分がやっていることを組織ができるようにするため、人間関係にしても仕事の仕組みにしても自分の見識にしても、次々と組織の人と共有していくのだ。

❖「自分がいたことで、会社がどうよくなったか」を自問せよ

こう考えたとき、いままで私たちは転職したとき、もとの会社に「自分がいたからこそもたらされた肯定的な組織的変化」を残してきただろうか。また、いまから次の会社に移る前に、そのようなレガシーを自分のいまの会社にもたらしているだろうか。

自分が会社にレガシーを残したかどうかを自問することは、会社の視点で自分の貢献を見つめ直す機会になり、「意外と自分はたいしたことをしていなかったな」と謙虚な気持ちを呼び起こしてくれるものである。

なお**「レガシーを残しているかどうか」という自問は、自分のリーダーシップを客観的にはかるバロメーター**である。

海外の主要ビジネススクール留学を目指す人は、そのエッセイで「あなたはどのよ

うなレガシーを残してきましたか?」と問われることもあるし、その推薦者にも推薦状を書く際に「この人はどのようなレガシーをあなたの組織に残しましたか?」とよく聞かれるものだ。

自分が「組織・会社からの期待以上に貢献できているかどうか」を考えたとき、どのようなレガシーを残しているかという自問は、私たちの襟をキリッと正してくれるのである。

「レガシーを残す」生き方の大切さは、たんにひとつの会社や自分のキャリアだけに限った話ではない。これは長い人生の終わりに天国か地獄に旅立つ前に、後世にレガシーを残すという意味で、人生全般にも当てはまるのである。

【章末コラム】

【二流】「グリット」（やり抜く力）が強すぎるのも考えモノ？

――周囲の反対に負けず、失敗しても必ず再起する人々

「元気があれば、何でもできる……。いくぞ！　1、2、3、ダーッ！！」

このセリフを知らない日本の読者はいないだろう。この「一流の心構え（マインドセット）」の欄の最後に登場いただくのは燃える闘魂、アントニオ猪木氏である。

以前、「グローバルエリートは見た！」の連載の企画で、燃える闘魂アントニオ猪木氏と対談する機会があった。

そのときに猪木氏と対談していちばん感じたのは、「ほかの人が無理だと思うことをやることに闘魂を燃やす」という自信の強さである。

いわく、その当時、誰もが無理だと思っていたモハメド・アリとの戦いを実現にこぎ着け、しかもそのモハメド・アリと親友になったということが、猪木氏の強力な原体験になっている。また「モハメド・アリと闘った男」という名声が、国際的な独自の人脈構築につながっているというのだ。

たとえば猪木氏はその師匠である力道山への思いから、北朝鮮とのパイプづくりにも積極的で、人脈的にも張成沢氏（粛清されてしまったが）といった実力者中の実力者、最高権力者クラスと通じるほどの関係を構築してきた。

ほかにも、自身が暮らしたブラジルだけでなくキューバ、イラク、旧ソ連、北朝鮮といった米国および日本と親交の薄い、どちらかといえば敵対してきた陣営の国々の指導者と人脈を築くという、一見不可能に思えることをやり遂げている。

周囲の強力な反対を押し切ってなされてきた北朝鮮訪問に関しても、いくらまわりが「やめろ、無理だ」と騒ぎ立てても、猪木氏の自信を揺るがすことはない。むしろ反対されればされるほどアドレナリンを放出し、「俺は結局、モハメド・アリと闘って親友になった」という原体験から来る自信でわが道を突き進むのだ。

❖ 他人が無理だと言っても、自分を信じる強さ

この猪木氏の「周囲がどう思おうと、自分を信じる」という強さからは、周囲が無理と思っていても、まずは自分自身を信じ、自信をもつことの大切さが見て取れる。

猪木氏は本章で述べてきた主体性ある生き方の、いい意味でも悪い意味でも興味深い事例である。

プロレスという枠に収まらず異種格闘技戦を始めたし、誰も予想だにしなかった、当時の世界のスーパースター、モハメド・アリとの試合を実現させた。この異種格闘技戦はプロレス界のレガシーとなり、猪木氏がリングを離れたのちも、業界の偉大な遺産として残された。

また活動の幅をリングに限定せず、沈没船の宝探しから政界転出、北朝鮮で数十万人を動員するプロレス興行の開催など、「他人が無理だと言っても、自分を信じて実現させる」強さに限っていえば、大いに学ぶべきものがある。

そもそも自分をいちばんよく知る自分自身が、自分を信頼しているかどうか、すなわち自信をもっているかどうかは、主体性を育むうえで最も重要なことである。

そのためにも、人生の早い段階で自信を得るようなヒットを打つこと、つまり「自分にとってのモハメド・アリ」を探し、失敗を恐れず挑戦することが、その後の自信の源泉になる。

たしかに大きく成功している人（自分が成し遂げたいことを達成している人）の多くは、これでもかというくらい大失敗している。あの発明王・エジソンにしても、失敗作も歴史上の誰よりも多いというのはよく知られた話だ。

目標を達成するのに肝心なのは、たんなる頭のよさといったＩＱではなく、「失敗してもめげずに、それを肥やしに起き上がる強さ」だといえるだろう。また、**「失敗から教訓を学び、変われる柔軟さ」や、失敗しても挫折しない「起き上がれる耐久性の強さ」が重要**なのだ。

以前、とある著名投資家が「起業の成功に最適なトレーニングは、若いころにヒッチハイクをしまくること。大半のケースで断られて傷つくので、これを繰り返せば『何百回断られても諦めない人だけがチャンスを得られる』ということを悟れる」と語っていたが、これにうなずかれる方も多いのではないか。**若いときから失敗し、起き上がる習慣をもつことが非常に重要**なのである。

❖適性がないのに、グリットが強すぎるという悲劇

しかしながら「失敗しても起き上がる」だけでなく、同時に失敗からも学ばなければならない。挑戦に失敗したとき、自分が向いておらず、勝てない分野なのにひたすら起き上がられても、困りものである。

私の大学の後輩で、いつまでも会計士の試験に落ちつづけている田岡君（仮名、34歳）がいる。「会計士の試験って、こんなに何度も受けられるものなのかしら」といぶかるくらい、彼の会計士受験は異例の長さを誇っているのだ。

田岡君は困ったことに「ここまでがんばったんだから、いまさら諦められない」と言い張

る。

この田岡君の不屈かつ、性懲りもない挑戦は、「最後までやり抜くグリット」と、「サンク・コストを諦める潔さ」のバランス感覚も重要であることを思い起こさせてくれる。

会計士試験に落ちつづける彼の再挑戦を応援する激励会が毎回開催されているのだが、彼のめげない挑戦がいよいよ痛々しい。

同時期に受験を始めた人がすでにシニアマネジャーとして順調に出世していく中、田岡君は、今年も会計士目指してがんばりつづけているのではあるまいか。

「非認知能力・グリットも、向いてない分野で発揮すると、エライことになるな」と、彼の異常なまでのグリットの強さを心底心配するのであった。

第3章のポイント

主体的に動く

32 上から降ってくる仕事は当然、つまらない【→P176】

能動的に、仕事の起点になれているか？　好きな仕事は、自分で探し、やったモノ勝ちである。

33 面白い仕事に自発的に取り組む【→P179】

自分で仕事を提案しているか？　受け身の姿勢では仕事の幅が狭まり、自分の強みを発揮できない。

先見の明をもつ

34 リアクティブでなく、プロアクティブに動く【→P183】

状況に反応するのではなく、状況をつくり出せているか？　将来起こりうる事象を想定し、長い時間軸で考えられる人は強い。

35 石橋を叩いて渡らず、叩き割る二流にならない【→P186】

アーリームーバーになれているか？　ライバルよりも先に動けるアーリームーバーが、慎重すぎる完璧主義者を打ち負かす。

【仕事の質にこだわる】

36 お土産選びひとつにも徹底的にこだわる ［↓P190］

一つひとつの小さな仕事の質にこだわっているか？　仕事の細部にこだわれる人が、勝負に勝つ。

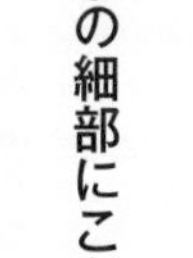

37 哲学・美学のある仕事をする――哲学的な寿司屋さんに学ぶこと ［↓P194］

自分の仕事に、雑学ではなく哲学があるか？「一流の仕事をしている」という哲学的ストーリーに、異次元の値段がつくのだ。

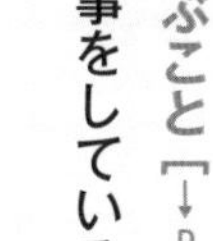

【危機感をもつ】

38 自分の仕事を「より安く、より速くできるライバルの存在」を忘れない ［↓P198］

競争意識をもって働いているか？　変化に敏感で、危機感をもてる人が変化できる。

39 チャンスはいくらでもあると、油断しない ［↓P201］

切迫感をもって全力で働いているか？　稀有なチャンスを活かすことに真剣になろう。賢いのに一流になれない人の特技は「油断」である。

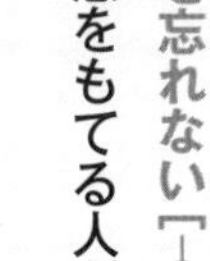

期待を上回る

40 給料とポジション以上の仕事をする ［↓P204］

「自分がいなくなったら回らない仕事」がどれだけあるか？　満足したビジネスパートナーや顧客の口コミで、仕事や責任が大きくなる。

41 日々の仕事で「エキストラ・ワンマイル」を行く ［↓P207］

自分の限界を少しでも超える努力をしているか？　周囲の期待を上回るのが、すべてのビジネスの基本だ。

42 会社にレガシーを残す ［↓P211］

自分がいたことで、会社はどうよくなっただろうか？　会社を去ったあとに残るもので、あなたの真の貢献が決まる。

章末コラム

43 燃える闘魂で、周囲の反対や自分の失敗に打ち勝つ ［↓P215］

周囲の反対や失敗を恐れず、挑戦できているか？　自分を信じ、失敗から立ち直る強さが勝敗を分ける。

第4章

一流のリーダーシップ

――まわりから支えられる人はココが違う

競争が激しくなればなるほど、優秀な人がしのぎを削る。

よって最終的な勝負は、**ひたすら個人的な仕事の質を主体的に高めるだけでなく、どれだけまわりの人に支えてもらえるか**にかかっている。**個人の頭脳やスキルの差はたかが知れているが、人徳や人脈の差は常に、天と地以上の差がつく**ものである。

会社で、いや、いままでの社会人生活で最も尊敬している「ロールモデル」といえる人を思い描いてみよう。

「この人のためなら俺はひと肌脱ぐ！」と思える、心の底からサポートしたいと思える人徳者は誰だろうか。その人が存在するのは会社かもしれないし、学校かもしれないし、ほかのプライベートな場かもしれない。

本章では「この人のようになりたい！」「この人についていきたい！」と思わせる一流のリーダーたちの次の要素について議論したい。

【人を大切にする】
1　誰に対しても丁寧に接する

【部下を伸ばす】
3　部下を尊重する

【ロールモデルになる】
6　規範を背中で示す

2　信頼を大切にする
4　部下に得をさせる
5　部下を成長させる

「人徳」というと孔子の時代の徳治政治を思い出すわけだが、人徳だけで顔淵《がんえん》のような立派な弟子を得られる人はそうはいない。ただ、礼儀正しく、人と信頼を大切にする人でなければ、徳を慕ってついてくる人もいないだろう。

次にこれは鎌倉時代の「御恩と奉公」の精神と同じだが、**自分がひと肌脱ぎたくなるのは、「自分の面倒を見てくれた」という世話好きで面倒見のいい人**ではなかろうか。

とくに人生を切り拓く手助けをしてくれた人への恩はいつまでたっても忘れないものである。それは与えてくれた指導やインスピレーションへの恩かもしれないし、具体的な紹介や機会を与えてくれたことへの恩かもしれない。

苦しいとき、まわりが手を差し伸べてくれないときほど、こういう人徳のある人は手を差し伸べてくれるものである。

「まわりの人がサポートしてくれない」と嘆く前に自問すべきなのは、**「自分はまわりの人に、一体全体、どんな得をさせただろうか？」**という単純な問いである。

自分の足を引っ張ったり、自分に親切に振る舞ってくれない、あなたが不満を抱いている相手の顔を思い浮かべてみよう。昇進を阻む会社の上司かもしれないし、いい仕事を横取りする同僚かもしれないし、評定の直前に皆の前でミスをあげつらい、自分に振られた仕事をきちんとしてくれない部下かもしれない。

そこにある共通点はただひとつ。あなたは彼ら彼女らにまったくもって得をさせていないのだ（一部の無神経で恩知らずで利己的な人は別だが）。

「得」というのは何も金銭的、功利的な話をしているわけではないし、損得勘定のない人間関係のほうが結びつきが強いのは当然だ。ここで申し上げているのは相手の利益を考えて、相手のためになることをしようとする行動特性があるかどうかということである。

思うに、一流のリーダーはたいてい「ギブ・アンド・ギブ」で、とにかく周囲にいる人を潤わせる。

二流の人材は「ギブ・アンド・テイク」で、まずは相手に得をさせたあとで見返りを期待する。

これに対し三流の人は「テイク・アンド・テイク」でいつまでももらいっぱなし。

そして最悪の人は「テイク・アンド・アングリー」で、もっていくだけもっていって、最後は「この人は何もやってくれない！」と、ぷんすか怒り出してしまうのである。

一流のリーダーは人がついてきて四方八方から支えてもらえるが、二流の人は人に疎まれて、四方八方から引きずり降ろされるものである。

そしてなんといっても一流の人は人間として魅力的で、多くの人にロールモデルとして尊敬され、「こういう人になりたい」と憧れの対象になっているのだ。

本章では、たんなるエリートと一流のリーダーを分ける「人がついてくるリーダーシップ」を身につける大切な思考習慣について、みなさんと一緒に考えたい。

最強の働き方

44

【人を大切にする】

誰に対しても丁寧に接する

タクシーの運転手さんは、すべてお見通し
——職位で相手への対応を変えない

「長瀬さんって、いつもタクシーの運転手さんとかキャビンアテンダントさんとかレストランのウェイターの人たちに、至極丁寧に接しますよね。やっぱり、突き抜けて立派な人って、そういうものなんでしょうか……」

これは某巨大企業の創業者、長瀬さん（仮名、52歳）と、マレーシアのマンダリンオリエンタルホテルで中華料理を食べながら、謎のピンクの飲み物をすすりつつ交わした会話の一部である。

彼は私の交友関係の中でも最も豊かで社会的地位も高い人のひとりだが、誰に対し

ても気さくで、丁寧に振る舞い、相手を尊重する。

長瀬さんは非常に裕福な資産家の家に生まれ、子どものときからメイドさんや運転手さんがたくさん働く家庭に育ったが、そこで父親にいつも、**「いいか、運転手さんというのは家のことをすべてお見通しなんだ。運転手さんに尊敬される人でなければ本物ではない」**と教え諭されてきたという。

たしかに運転手さんは大会社の会長クラスの重役に専属で雇われているケースも多いが、その中で数多くの人間模様をつぶさに観察できる職業である。

私の知る運転手さんも、「会長の前では私にも丁寧に接しますが、会長がいなくなったとたんに乱暴、傲慢に振る舞う社会人は非常に多いものです」と語っていた。

欧州系投資銀行で駆け出しのころから、会社のお抱え運転手さんに常日頃より丁寧に接していた長瀬さんは、運転手さんから強い尊敬と忠誠心を集めていた。

ある日、ロンドンから本社の幹部が来日するということでその運転手さんに成田空港まで迎えに行ってもらったところ、のちに長瀬さんがパートナー（共同経営者）に昇

進したとき、その幹部が次のような逸話を話してくれたという。

「お前は、あの運転手とどんな関係なんだ？　空港からオフィスにつくまで、ろくに喋れもしない下手な英語だが、気持ちと情熱が伝わる力強い口調で、いかにお前が素晴らしい人物かをひたすら私たちに説明したのだ」

長瀬さんは驚いて、「いやいや、普通の友人関係です」とその場で答えたが、のちにその運転手さんと本件について話したらしい。

すると運転手さんは笑って、こう答えたという。

「私は数多くのビジネスパーソンを見てきました。その大半は、自分より職位が下の人に対し傲慢に振る舞い、常に召使いのように私を扱う人がほとんどでした。ですが、あなたはいつも私をひとりの人間として尊重してくれました。よくあなたに嫉妬して、『なぜ会社での待遇がいいんだ』とやっかむ人がいますが、私は当たり前と思っています。

あなたは誰に対しても敬意をもって接することができる、特別な人ですから」

決して長瀬さんは打算的に人に丁寧に接してきたわけではないが、この話を聞いたとき、幼少期に父親が語っていた「運転手さんに尊敬される人間になれ」ということの意味を深く思い知ったという。

最強の働き方
45

頭を垂れるから、稲穂が実る
――謙虚さが、一流と二流の分岐点

「もっと速く行けないんですか？　毎回、信号につかまっていますよね？　あっ、いままた90円上がった!!」

タクシーに乗るたびに、このように自分が遅刻していることの八つ当たりをしている人は非常に多いものである。
日ごろは温厚な私たちも、時間がないのに道路が渋滞しているときなど、冒頭のようなセリフをタクシーの運転手さんに投げかけ、失礼千万な態度をとったことはなかっただろうか。

前述した長瀬さんの話を聞いて、私はいたく感動すると同時に、深く反省した。その後から私は努めて自分を戒め、いままで以上にサービス業で接客してくれる方に丁寧に接するようにしている。

そんな中、つい先日、銀座までタクシーを飛ばしたところ、その運転手さんがこれまで外資系医薬品メーカーの社長のお抱え運転手を20年以上やっていた、という話をしてくれた。

その運転手さんにこの長瀬さんから聞いた話をしたところ、懐かしむようにこう語ってくれた。

「運転手に対して丁寧に、というより、誰に対しても人間として敬意をもって接する、ということでしょうかね。

私は20年以上にわたって、いろいろな社長に仕えてきました。社長というのは任期が3年くらいなのですが、やはり本当に偉くなる人、人の上に立つ人は、誰に対しても物腰が柔らかいのが特徴ですね」

たしかに私は、「物腰が固いのに偉い人」に会ったことがない。

物腰が固く威張っている人は、たいてい「すこーしだけ」偉い中間管理職で終わる。

「実るほど　頭《こうべ》を垂れる　稲穂かな」という諺があるが、実際のビジネスでは、頭を垂れるから、稲穂が実るのである。

❖一流の金持ちと、たんなる成金の違い

私のイギリス人の友人に、ロンドンの某巨大多国籍企業でチャリティーの仕事をしている女性・ステファニー（仮名、30歳）がいる。

学生時代は、目の覚めるような金髪と碧眼の美貌で成績も優秀なのに、気取ることなくカジュアルなジーンズといつも同じようなセーターで床に座って本を読み、誰に対しても分け隔てなくフレンドリーな姿勢に感心したものだ。

そんな彼女と数年ぶりにロンドンで会って、驚いた。事情があって込み入った議論中に出てきた話なのだが、なんと、祖父が家族の創業した銀行を売ったため、彼女の信託口座に数千億円規模のお金が入っているというのだ。

たしかに彼女の姓は、その銀行の名前と一致しているのだが、まさか銀行の創業家

のお嬢さんだったとは夢にも思わなかった。
そのことを周囲にいる人は誰も知らなかったが、日ごろの彼女の謙虚な振る舞いを見ていると、まさかそんなに大金持ちだとは思わなかった。その立ち振る舞いが、いかにも地に足の着いた、どちらかといえば苦労人という佇《たたず》まいだったからだ。

彼女のように、ケタ違いに金持ちで、能力が高く、プロのモデルも顔負けなほどきれいなのに誰に対しても謙虚で物腰の柔らかい人たちを思い浮かべたとき、学ぶことは非常に多い。少しだけお金をもっていたり、多少勉強や仕事ができる程度でやたらとまわりに威張り散らしている「小役人型エリート」を見ると気恥ずかしく、絶対そうはならないように自らを戒めるのである。

見渡してみると、多少仕事ができて多少金持ちの人のほうが、ケタ違いに優秀でケタ違いに豊かな人より、なぜだか大いに威張り散らしているものである。
ここで登場していただいた長瀬さんやステファニーがいい例だが、誰に対しても謙虚で、人を大切にする姿勢が身についているかどうかが、たんなる成金か、心も豊かな一流の金持ちかの差を生んでいるといえるだろう。

最強の働き方 46

信頼を大切にする

信頼こそがリーダーシップの基本
――リーダーシップの要は、信頼感とリスク管理

「長瀬さんには、本当にいろんなタイプの一流の友人がいますね。政財界だけでなく、メディアや芸術の分野にも。職業だけでなく、性格のタイプもさまざまです。長瀬さんの度量の広さが、この広い人脈をもたらしているんでしょうか？」

「いやね、ムーギー、私も比較的いろいろな人と付き合っているけど、多様な中にもひとつだけ共通点があってね。それはやはり、信頼できるかどうか。信頼できない人とは絶対に一緒にいたくないんだよ」

これは前述の長瀬さんと車で移動中にした会話である。

長瀬さんに限らず、私が渡り歩いてきた業界で成功している大物は、本当に異口同

音に**「信頼こそが成功の秘訣だ」**と主張する。

もちろん仕事上の信頼という意味で、プロとして自分に任せてくれて大丈夫なことと、期待に応えられないことを明確に知っておくのは重要である。

しかしこれら一流の人材に共通するのは、プロフェッショナルとして信頼される以前に、そもそもひとりの人間として信頼され、尊敬されているということである。

「相手のために何かをやってあげたい」と思うかどうかは、基本的に「相手への信頼感」が土台になっている。この信頼感こそが、名刺の上に書いてある名前を「たんなる知り合い」から、「いざとなったらあなたのために、ひと肌脱いでくれる人脈」に変えるのである。

この意味で、どれほど人から信頼されているかが、自分自身のリーダーシップのサイズを決定するともいえる。

これは『ハーバード・ビジネス・レビュー』でSunnie Giles博士が紹介していた調査結果だが、195人のグローバル・リーダーに「最も大切なリーダーシップの資質」を聞いたところ、第1位に輝いた資質は「強い倫理観・道徳観」だった。
これに続くのは「明確なゴールと目的を示すこと」「期待値を明確に伝えること」「意見を変える柔軟性」「成長志向」「透明で頻繁なコミュニケーション」「成功・失敗に関する連帯感の醸成」「失敗を伴う挑戦の応援」などだが、それらを上回る「最も大切なリーダーの資質」として、「強い倫理観・道徳観」つまるところ「信頼感」が挙げられていたのだ。

逆に、個人レベルでは非常に優秀なのに大きな仕事ができない人は、能力ではなく信頼が欠如していることが多い。また、優秀なのに足をすくわれる人も、たいてい信頼問題が引き金で没落していくものである。

コンプライアンスとリスク管理こそ、「守りのリーダーシップ」の要

信頼を語るうえで大切なのは、リスク管理の徹底だ。
一流のプロフェッショナルは攻めに強いだけでなく、守りにも強い。

ビジネスの現場で最も大切な「守り」がコンプライアンス意識の徹底である。世の中を騒がせる著名経営者や投資家がいとも簡単に監獄行きになる例は枚挙に暇がないが、たいてい足をすくわれるのは法令違反である。世に出て大きくなろうとすればするほど、「どこをつつかれても痛くも痒くもない」状態を保つため、リスク管理の徹底が事業の継続性を大きく左右する。

私の尊敬する柴刈さん(仮名、58歳)は、常々「反社会勢力と絶対に付き合うな」と口を酸っぱくして私に教え諭してくれたものだ。

信頼を得るうえで大切なのは、当たり前だがまずもって嘘をつかないこと、相手の話を聞くこと、自分の意見を押し付けないこと、時間を守ること、ミスがないこと、約束を守ること、そして「気づかなかった」を言い訳にせず、間違っても反社会勢力と付き合わないことである。

歴代の失脚した著名経営者や政治家を思い起こせばわかるように、せっかくのキャリアで足をすくわれないために大切な守りのリーダーシップの要は、コンプライアンス、お金の適切な使用、そして法的なリスクをきちんと管理することなのだ。

信頼を常に第一に考えている人は**信頼を失うリスクにナーバス**である。**彼らの座右の銘は「信頼を貯金する」であり、短期的に損をしても、長期的な信頼を重視**する。公明正大なので腹を探られてもまったく痛くなく、**その誠実さからしまいには「ありがたい後光」が差すレベルにならなければ、真の一流への道のりは遠い**のである。

最強の働き方

47

悪い情報を先出しせよ

――賢い嘘つきよりも、バカ正直が出世する

「ムーギーさん、すみません、業績の下方修正です。予測していた収益よりも大きく下振れしました。円が急激に安くなり、輸入資材価格が急騰、労務費のコスト高も加わり、マージンが急激に悪化する見込みです……」

外資系の公開株資産運用会社で働いていたころ、このような投資先の下方修正の悲しい知らせを何度聞いたことか。

証券会社のアナリストに限らず、未来を予測する仕事の人は、自分の予測がまったく当たらないという状況にたびたび遭遇する。

世の中の将来予測のほとんどは、何らかの根拠をもってもっともらしく見せているものの、実際の将来はランダムで法則性などないか、法則性はあってもとらえられていないかのいずれかである。

「将来予測のほとんどははずれる」と思っておくのが基本であり、賢明な人ほど失敗したときの対応力も立派である。

彼ら彼女らは、予測が当たるかどうかよりも、**予測が間違っていたことが判明した場合に、速やかにその旨を報告し、自ら信頼回復のリカバリーショットを打てるかどうかが重要になる**ことを知っている。

これに対して二流の人ほど下手な言い訳を重ねたり自説に固執したりして、結果として傷口を広げてしまうことが多いのだ。

失敗したときに信頼を保つポイントは、物事がうまくいかなくなったときに、「透

明で正直、時に心配になるほどバカ正直」という印象を与えることである。

難しいことだが結局自分を守るのは、間違ったことが判明した時点で、いかにそれが言いづらくても、正直に開示することである。自分にできる防衛策は「透明性を担保することだけ」と言い聞かせなければならない。

人は「だまされた」「まだ何か情報を隠している」と感じるときと、「この人は失敗したが、正直に開示した」と思うときでは、対応の仕方が180度違うものである。

❖いかに「透明で正直」という印象を与えるか

長い社会人人生の中では、あなたはいつの日か、機密情報の入った会社支給の携帯電話をタクシーに置き忘れることであろう。会社用のパソコンを、空港の手荷物検査のところに忘れるかもしれない。

いずれも恥ずかしながら私の体験談だが、ほかにも長い会社人生の中で、これとは比べ物にならないレベルで大きな不祥事を目撃することもあるだろう。

そんなとき、あなたにできる最善の策は、速攻で会社に失敗を報告することである。「隠し通して逃れたい」という弱い自分をお天道様の下に引きずり出し、往年の遠山の金さんと化して「隠れたい自分」にすべてを自白させなければならない。

都合の悪い情報は、黒か青のゴミ袋に三重に包んでしまいたくなるものだ。しかし一流のビジネスパーソンは都合の悪い情報ほど「透明のビニール袋」に入れて、あけすけに会社と顧客に伝達して、透明性を担保するのである。

言うは易し行うは難しだが、透明性を担保できる人だけが信頼を勝ち取るのだ。

最強の働き方
48

【ミニコラム】

「信頼の貯金」をせよ
――「短期の利益」より「長期の信頼」

これは私の親戚で、自身が事業で成功する前から、常に親族一同の面倒を見ている私のお

じさんの話である。

そのおじさんは三番目のエサンチュン（仮名、76歳）という、わが母、ミセス・パンプキンの兄にあたる人なのだが、金融や不動産賃貸で財を成し、3親等、4親等、いや、何親等離れていても大概の困った人を物心ともに支援してきた、ちょっとしたわが家の篤志家である。

私が尊敬しているビジネスリーダーたちを見回しても、彼ほど信頼を大切にする人はいない。私がこのおじさんを尊敬する理由は、その信頼を徹底的に重視する姿勢に尽きる。

このおじさんは不動産業をやっているが、常に短期の利益より長期の信頼を重視する。

所有する不動産は駅前の一等地にありテナント希望は多いが、すでに中に入っている歯医者さんや不動産業者さんが嫌がりそうなテナント候補をすべて断っているのである。

以前、消費者金融大手のテナント候補が高い値段で入ろうとしたときも、自主的な判断で断った。理由は、「歯医者に行こうとしている患者が、自分が消費者金融にお金を借りに来ているとビルの入り口で勘違いされたら、来院する患者が減るかも」と思ったからだという。

三番目のエサンチュンは「**潜在的に既存顧客の不利益になりかねないことは、たとえ自分の利益になりそうでも我慢しなければならない**」「**お金より信頼の貯金が大切**」と言うのだ。

田舎で生まれ育ったおじさんは常々、絶対に人の悪口を言わず、いつも人を褒める話ばかりする。

またビジネス相手に限らず、プライベートでの友人や親族にも親切の限りを尽くし、一緒にいる人にとにかく得をさせるので、「この人に何かしてあげたら、おまけがついて返ってくる」という評判を築き上げているのだ。

舞台がグローバルであろうが地元の田舎であろうが、周囲に人を引き寄せ成功する仕事術でいちばん大切な基本は「**信頼と人を大切にし、相手の利益を尊重する**」ということなのである。

最強の働き方

49

【部下を伸ばす】

部下を尊重する

部下を大切にする企業文化を浸透させる
――尊重されていることを、実感させる

「自分がこんなところにいていいのだろうか……」

前述の長瀬さんがまだ30代半ばのころ、日本を代表する1兆円企業の社長や会長が集まる会合に、ひとりで参加する機会があったという。

60〜70代のそうそうたる著名経営者の中、30代の長瀬青年がひとり緊張してポツンと座っていたところ、その中でも最も重鎮の人物（日本の小売業界最大手の一角の創業者。個人資産は数千億円）が駆け寄ってきて、「長瀬さん、今日は来てくれてありがとう。さあ、こちらへ！」と丁寧にあいさつし、会話に誘導してくれたのだという。

これが、個人資産数千億円の会長一流の気遣いである。

年配の著名経営者が集まる会合で若い長瀬さんが畏縮しないよう、そのコミュニティのボス自らが30歳も年下の若者にこうした気遣いをしてくれたのだ。もちろん、そうすることで、まわりの長瀬さんに対する視線も一気に変わることを知ってである。

このとき長瀬さんは、「年下の人に自分から気配りし、丁重に扱うことの大切さ」を実感したのだという。

そのためかどうか、長瀬さんは部下や下っ端の人に非常に気を遣う。

たとえば部下と食事に行っても、決して部下からのお酌を受けない。それどころか部下に丁寧にビールを注ぎ、お酌もし、食事を取り分け、醤油も小皿に注いであげる。しかも部下といっても専務や常務ではなく、大学を卒業したての新入社員に対しても、同じように振る舞う。

上座に部下を座らせ、行きや帰りのエレベーターでも先に乗り降りさせるといった気配りの数々である。

この**「部下を尊重する企業文化」は、会社の組織力を強めるうえで強烈なパワーを発揮する。**

部下は「こんなに偉い人が自分に気を遣ってくれた」と感激して忠誠心が高まるし、そこにお客さんが同席していれば、長瀬さんの部下への気配りに感心し、個人的な好感度も大いに高まるものである。

まわりの社員もそんな作法を長瀬さんから学ぶので、自分の部下や後輩に対しても自然と丁寧に振る舞うようになり、結果として**優秀な社員がたくさん職場に残る**ようになるのだ。

優秀な部下はどこのライバル会社からも引っ張りダコで、給料だけで会社を選ぶようなドライな関係だと、結果的に競合他社と価格競争に陥ってしまう。

このような常に他社が狙っている人材に退社されては、自社のダメージが大きいのみならず競合相手を助けることになるので、そのダメージはダブルで大きい。

したがって、**給料の金額だけでなくほかの要素、すなわち「大切にされている」という信頼感で「尊重されている実感（Recognition）」を感じてもらい、貢献度を高めるのが上司の腕の見せ所**になる。

レベルの高いスター社員に対して「雇ってあげている主人」のように会社が振る舞

っては、自ら「金の卵」を失うことになる。経営側と社員の間で、交渉の主導権がいつも会社側にあるとは限らないことを深く肝に銘じなければならない。

❖ 自分より賢い部下に、やりがいを感じてもらうには

このようなスター社員に対しては、「雇ってあげている従業員」ではなく「働いてくださる大先生」くらいの目線で接するのが正しいアプローチである。

また、年齢や職位にかかわらず一人のプロフェッショナルとして尊重するカルチャーをつくりあげ、仕事の社会的意義を重視し、**自分の仕事を誇りに思えるよう、さまざまな配慮をする**のだ。

しかしながら二流の上司ほど、部下や店員さんを極めて乱暴に扱うし、何かと権威主義的に振る舞い、接待の場で人望を失う。

もしもあなたが部下に対して高圧的に振る舞っていて、それでも部下が辞めないならば、逆にあなたは心配したほうがいい。なぜならそれは、ひどい上司の下でもしがみつくしかない、ほかに行き場のない人材しか社内に集められていないことのあらわ

れだからだ。

私がその昔働いていた会社の非常に聡明な上司が、採用面接をするときは**「自分より賢い人を雇え」**と口癖のように言っていた。「自分を成功させてくれる人で、自分を包囲せよ」と言うのである。

たしかにその人よりもさらに仕事ができる人を雇い、それを採用方針にするので、その人がマネジャーであればチーム全体が優秀な人で溢れていたものだ。

そしてそういう「スタープレーヤー」に対しては決してボスとして高圧的に振る舞わず、対等な友人として振る舞っていたことを思い出す。

私たちは部下を大切にし、やりがいを感じながら、気持ちよく働いてもらえているだろうか。

優秀な人材にやりがいのある仕事と職場環境、企業文化を用意し、自分より優秀なベストの人材をどれだけ集めることができるかに、リーダーとしての資質がかかっているのである。

最強の働き方
50

部下の冠婚葬祭での対応はとりわけ重要
――部下のプライベートを尊重せよ

「会社には行きません。その仕事、私じゃなくてもできますよね?」

これは、とある若手投資銀行家の結婚式当日の出来事である。

櫛田さん(仮名、30歳)は日ごろ笑顔の絶えない温厚な人物で、めったに他人と争わない協調性抜群のタイプだ。上司には絶対服従がモットーで、多少の無理もいままで聞いてきた。

しかし今回は、そんな櫛田さんが上司の休日出勤命令に逆らった最初の日だった。その理由はただひとつ、その日は上司も知っていたはずの、自分の結婚式当日だったからである。

この手の「部下の人生の重大局面で、仕事を振ってくる信じられない上司」は一定程度、存在する。

日本の某大手有名シンクタンクで活躍する女性の友人は、親の臨終のときに会社に届け出を出して地元の九州に帰ろうとしたところ、新しく入って来た新任部長が「私は昔、親の死に目よりも仕事を選んだ。それが当然だ」という旨のメールを、さらに上の役員をメーリングリストに含めて送りつけてきたのだ。

その後まもなく、その新任部長は左遷された。これは家族が亡くなりかけているという大変な状況にいる部下に対して休暇を認めないばかりか、それに役員クラスを巻き込んで自分の判断能力のなさをさらしたことが原因だった。

冠婚葬祭での立ち振る舞いが、人間関係に決定的な影響を及ぼす

私自身、自分の父親が亡くなったときは某大手資産運用会社でアナリストをやっていたのだが、そのときのことが脳裏をよぎる。

とある重要なプレゼンを私が社内で行う前日、父が突然倒れて救急車で運ばれたのだ。

海外に散らばる兄弟姉妹の中で、私は父の死に目に立ち会えた唯一の子どもだった

わけだが、いまでも父を呼びながら最期の瞬間に心臓マッサージをしていたシーンが鮮明に思い出される。

父がそのまま逝去したのち、今後のことを考え、まず会社に「父が亡くなりました。明日のプレゼンですが……」と話しはじめるや否や、「そんなことはいいから家族を大切に。お母さんを支えてあげてください」と言われたときは、会社にいたく感謝したものである。

会社や上司が、自分のことをたんなる「仕事のコマ」としてではなく、「人間として尊重してくれている」という信頼感は、会社への忠誠心を大いに高めるので、結果的に会社へのいい投資にもなるのだ。

すでに長い年月が経ったが、その当時、花を贈ってくれた人、お悔やみの言葉をかけてくれた上司の名前は、いまでもずっと心に残っている。

最強の働き方 51

部下に得をさせる

部下の市場価値を上げる
――部下の自己実現を支援する

「ムーギーと働くことで、部下がどれだけ勉強になったか、Re-warding（価値のあるもの）だったか、一緒に働いてよかったと思うかを考えなさい」

これは私がまだ駆け出しだったころ、尊敬する上司にかけられた一言である。

一緒に働いて自分の成長を実感できる上司でなければ、部下は内心、その上司をバカにしてしまうものであり、その人や会社のために一生懸命働く意欲など消え失せるものだ。私が最初に入った会社でも、誰とは言わないが奴隷作業を平気で強いてくるような上司がいた。

夜中の2時にデスクにしれっとやって来ては、ボンっと分厚い資料を目の前に置き、「これ、朝6時まででいいから、よろしく」といって平然と帰っていく。

その人から降ってくる仕事は、読みづらい、汚い手書きの絵をパワーポイントにしたり、どうでもいい数字をひたすらエクセルに打ち込んだり、しょうもないレターをヨーロッパの某社にファックスしたり、といったまさに雑用のオンパレードだった。

これらの雑務オンリーな職場は、学習効果が乏しいわりに体力と精神力をすり減らすので、そんな状況に自分を追いやる上司を、部下は呪いこそすれ、慕うはずがないのだ。

❖「上司が自分の市場価値を高めてくれる」と信じられるか？

成長している実感がない仕事を続けているうちに、「この人と働いても勉強にならない」「パワーポイントとエクセルのスキル以外、とくに自分の市場価値は上がらない」と絶望し、その上司のために働く意欲はだいたいマイナス2000パーセントに激減する。

実際そのような職場は離職率が高く、せっかくポテンシャルの高い人材を雇っても

そのつなぎとめに失敗して早期に人材を失うものだ。

デビュー作で紹介したインド人幹部の言葉として、**「『この人の下で働けば、数年後には市場で引っ張りダコになる』と思わせるくらい、部下を成長させられるかどうかを上司は考えるべき」**という一節があったが、彼の名言をもう一度強調したい。

シンガポールの有名なソブリン・ウェルス・ファンドで働く私の友人いわく、マネジャー以上の評価指標の重要な項目が「部下の市場価値を上げ、自己実現を助けているか」とのことである。よい組織、よいリーダーほど、部下のスキルアップや自己実現を助けているものである。

あなたの下で働くことで、その部下が自分の市場価値を高めることができているかどうか。それが一流のリーダーか、たんなる二流の上司かの分かれ目になるのだ。

最強の働き方

52

カネを払ってでも、部下に面白い仕事をさせる

――部下の成長のためなら、会社の短期的利益を犠牲にする

「えっ、桜子さんもヨーロッパ出張に連れて行くんですか?」

私はこれまでの長いキャリアの中で、懐が深く、許容力があって、器が大きい上司に恵まれてきた。そんな彼らの共通の特徴として、**「会社の短期的利益を犠牲にしても、部下の長期的な成長とやる気を重視する」**ということがある。

「部下だからといってそんな面白くない下作業ばかりをやらせていたら、誰だってやる気をなくしてどうせ長続きしないよ」

「僕も某投資銀行でアナリストをやったけど、あんなことを2年も続けるのは本当に無理だった。つまんないんだもん」

というのがこうした人たちの口癖だった。

部下に面白い仕事をさせて、部下の成長を大切にするカルチャーは、企業競争力を強化するうえで、じつにパワフルだ。

日々、面白い仕事を与え、尊重するからこそ、競合他社からも引く手あまたの優秀な社員が「あなたのために働きたい」と思って会社に残ってくれるのである。

❖「面白い仕事」「社員を成長させる仕事」に、会社のお金と時間を使う

ごく一部の、本当に社員を大切にするいい会社では、時に効率を犠牲にしても社員の成長のために時間とお金を使う。

たとえば某世界最大級の投資ファンドB社だと非効率を承知で、法律専門家にわざわざ投資の仕事を、投資の専門家に契約書作成の仕事をさせるなど、あえてできない仕事を経験させて仕事の全体像を学ばせる。

もっと身近な例だと、ある人は、ミーティングの調整やデータの打ち込み作業、レストランやフライトの手配といった諸々の「あまりエキサイティングではない仕事」

を普段してもらっている秘書さんを、ヨーロッパの大きな会議に、どう見ても必要ないのに「経験を積ませるため」などといった理由で連れて行ってあげていた（たんに愛人だったという説もあるが）。

普通の企業だと何もここまでやらなくてもいい気がするが、「社員の成長とやる気のために、会社の利益を一定程度、犠牲にする」というのは、私が学んだ一流の上司の立ち振る舞いの偉大な特徴である。

「面白い仕事をさせてくれている」という感謝が、上司および会社への忠誠心につながり、モチベーションを高める。「会社の利益や効率ばかり重視せず、部下に楽しく仕事をさせているかどうか」で、社内の求心力は大きく変わってくるのである。

最強の働き方
53
部下を成長させる
日陰の重要な仕事に光を当てる
――部下を褒め、モチベーションを刺激する

「あのレポート、力作だったね。とてもよかったよ」

普段は無口な上司のトーマス（仮名、45歳）が、私が別件で話をしにいったところ、我ながら力を入れてつくった渾身のレポートを不意に褒めてくれた。
トーマスはシャイで内向的な性格なので日ごろとっつきやすいタイプではないが、それでいて感心するのは、じつに全員の仕事の事細かなところまで一生懸命見てくれていることである。

部下にとって必要な報酬は、決して金銭だけではない。とくに若いころは、**「自分の貢献を認めてほしい」という承認欲求や「自分の成長カーブは高いか」という成長欲求が非常に強い**ものだ。

とりわけ日本では社員の会社への満足度をはかる際、金銭要素よりも「会社から認められているかどうか」や「勉強になっているかどうか」「自分の自己実現になっているかどうか」が非常に大きなウエイトを占める。

よって、その**強い承認欲求や成長欲求を部下の動機づけにリンクさせなければならない**のだ。

これは余談だが、金銭だけで報酬を与えようとすると、当初の「自己実現のため」や「お客さんの笑顔が嬉しくてがんばる」といった動機から、金銭的報酬に動機づけがシフトしてしまうという調査結果も少なくない。

嫌いな人に向かって石を投げさせ、その報酬として10ドル渡すという、ちょっと残酷な実験があるのをご存じだろうか。

最初、嫌いな人を攻撃できて、おまけにお金ももらえるので被験者は喜んで石を投げる。

徐々に金銭的報酬を高めていき、20ドル、50ドル、100ドルと高めていったあとに、突如お金を払うのをやめると、驚いたことに被験者は、その嫌いな人に石を投げるのをやめたのだ。これは、当初のモチベーションが、金銭に重きを置いた報酬制度によって失われてしまうことの非常に興味深い事例である。

❖相手の仕事の「こだわりの箇所」を褒める

部下にとって、自分がやったいい仕事をそのまま見過ごされることほど虚しいことはない。

いい仕事をしても上司にまったく評価されないと、「暖簾《のれん》に腕押し、糠《ぬか》に釘」状態で空虚感が増し、仕事へのモチベーションも失われていく。

目に見える日向《ひなた》の花を見るのは、直属の上司でなくても、誰にでもできる話である。

よい上司として差がつくのは、周囲からは一見わからないが、意味のある仕事をオテント様の下に引っ張り出し、部下の貢献を社内外に売り込んであげるかどうかだ。

とくに相手の仕事を褒めるときは、こだわりの仕事がなされた箇所を褒めることで、相手のモチベーションをより高めることができる。

これは何も仕事関係に限らない。

たとえばバーに行ってグラスがあまりにもピカピカで水滴ひとつなかったとき、寿司屋さんに行ってネタの表面に隠し包丁が絶妙に入れられていたとき、こぢんまりとしたフランス料理屋さんに行って、何気なく出てきたバゲットがとてつもなく美味しかったときなど、**目立たなくて見過ごされがちな細部の一つひとつに宿る努力と真摯な姿勢をきちんと把握して褒めることが、相手のモチベーションと一流の仕事をさらに引き出す**のだ。

自分自身を振り返ったとき、私たちは、日陰に咲いているタンポポにも光を当てる太陽になれているだろうか。

目立たないのだが、じつは組織にとって重要極まりなかった地味な仕事をしっかり評価することも、上司の大切な仕事なのである。

最強の働き方
54

部下を引き締める

——「簡単にはごまかせない」という緊張感が、部下を育てる

「『簡単にはごまかせない』という評判を、あなたは築いているか？」

これは私がシンガポール時代に評定で問われた基準のひとつである。

こだわりの仕事へのよい評価とは逆に、手を抜いたロクでもない仕事が見過ごされると、「この程度の仕事でも許されるのか」と規律が緩んでいく。

たとえば穴だらけのミーティングメモや、ずさんなミーティング準備や書類のてにをはの間違い、英文レターの不自然な言い回しや数字のミスなど、いい加減で質の低い仕事がまさに「ザル状態」の上司に見過ごされると、日々求める仕事の完成度の目標が下がってしまい、仕事への危機感や緊張感がなくなってしまう。

重箱の隅をつつくように誰も気にしない指摘ばかりしまくるのも問題だが、**部下の（そして時に上司の）小さなミスを見逃さない注意力と緊張感は一流の上司の基本**である。

リーダーの役割の大きな部分は、経験の浅い部下が準備する仕事の品質を、会社の看板をつけて外部に出せるまでに向上させることなのである。

❖「上司はすべてお見通し」と部下が思うかどうか

「この人にチェックされたら品質は間違いない」と太鼓判を押してもらえるような評判がなければ、いつまでたっても誰かに仕事をチェックしてもらう身分から抜け出せないし、誰かの仕事をチェックして品質保証する役割も任されない。

上司がいい仕事、悪い仕事、全力の仕事、手抜きの仕事をすべてわかっていると部下に思わせることは、社員が自主的にプロとして成長するために決定的に重要である。

そして上司が部下を成長させるうえで大切なのは、いい仕事も手抜きの仕事もそれをきちんと見守って、必要なフィードバック、トレーニングを与えることなのだ。

最強の働き方
55

部下を引き連れて辞められる人が大成する
――自分を成長させてくれた上司のことは、一生忘れない

「本当に優秀なリーダーと中途半端な中間管理職の違いは、その人が辞めたとき、誰が、何人一緒に辞めるかにかかっていると思うのよね。また、本当に上に上がる人は、下から強い支持があるものよ」

シンガポールの高級アパートメント、ヘリテッジの一角でこう呟くのは、某外資系製薬会社で活躍するわが友人のシンディ（仮名、29歳）である。

彼女は名門・シンガポール国立大学を出たのち、投資銀行で働きウォートンでMBAをとった才女だが、自身が働く多国籍企業の上司を評して、このように語った。

最近自分がずっとお世話になって来たエース級のマネジャーが他社に移ったのだが、自分も彼についていって転職するのだという。

彼女がお世話になった上司というのは、その上司がとってきた重要なプロジェクト

に入れてくれ、またシンディが成長するのに必要なチャレンジングな仕事を与えてくれ、常に自分が成長できる環境にいるかどうかに気を配ってくれたのだ。

こういうスター選手が会社を辞めようとするとき、外資系の企業などは往々にして給料を積み増して、時には3倍も提示して引き留めたりする。

会社がそんな人材の引き留めに奔走するのは、なぜか。

それは、そのエースが常に担当していた社内の重要顧客を持って行かれてしまううえに、そのエースを慕って出て行ってしまう部下がこれまたトップパフォーマーの面々だったからである。

転職時の給料は、「部下」と「客」が一緒についてくるかで桁が変わる

とくに多くのサービス業がそうであるように、「人材がすべて」というビジネスだと、**何人引き連れて辞められるかで、自分の価値は大きく変わってくる**。

どんな仕事でも優秀な人はたくさんいるので、一人ひとりのスキルといった面では

別に代わりがいくらでもおり、給料も青天井にはならない。しかしその人にお客がついて、また優秀な部下がついてセットで移動するようになると、その報酬は突然桁が変わってくるのだ。

よく自分がまわりに比べて多少できるからといって、「いざとなったら辞める」というのをチラつかせて会社と交渉しようとする人がいるが、たいていの会社ではひとりが辞めたところでビクともしない。

これに対し、あなたが客とスター選手を引き連れチーム単位で移籍するようになれば、話は別だ。自社を急速に弱体化させ、競合会社を大幅に強化させ、業界構造に天変地異を起こすことになり、そうなってはじめて会社が真剣にあなたを引き留めにかかるのである。

「あなたが会社を辞めるとき、まわりの誰が一緒に辞めてくれますか？」という問いは、自分の社内でのリーダーシップをはかるうえで重要な示唆を与えてくれるだろう。

たんに個人として仕事ができるだけでなく、日ごろから部下の成長を応援し、幸せになってほしいという気持ちを十分伝え、「この人と一緒に行くところならば喜んでついていく」という力強いサポーターがいなければ、一流のビジネスリーダーにはなれないのである。

最強の働き方
56

【ロールモデルになる】

規範を背中で示す

組織のトップこそが、トイレを掃除すべき？
――上司の背中を見て、部下は育つ

「ムーギー、洗面台の水しぶきはきちんと拭かなければいけないよ。こういうだらしないことをしては絶対にダメだ」

私がある日心底ビビったのが、以前働いていた会社のお手洗いで手を洗ったあとに水しぶきを放置したら、いちばん偉い会長がやってきてその水しぶきを丁寧に紙タオルで拭きはじめたときである。

そして「いまの人はあとから使う人のことに気を遣わない人が多い。ムーギーも気をつけなければダメだよ」とおっしゃるのだ。

それを聞いた私は「いちばん偉い会長ですらトイレの洗面台を掃除するんだ。それよりもはるかに下にいる自分が仕事を選り好みしてどうする！」と痛切に反省したものである。

立派な上司とは、「これは自分の役割ではないからやらない」という官僚主義を超えて、組織に必要なことはオーナーシップをもって自ら買って出る。そして、**組織のトップが日常的に立派な人だと、その行動様式が組織の人間を奮い立たせる**ものである。

よく「社長がトイレ掃除をすれば業績が上がる」という話を聞く。

先日聞いた逸話だが、中国に進出した、とある日系企業の業績が上がらず社長があれこれ試しても現地の中国チームがついてこなかったが、その社長がこの話を思い出してトイレ掃除を始めたという。

すると最初は頭がおかしいと思われたが、次第に皆が手伝うようになり、短期間で

会社中の整理整頓が行き届き、業績が急回復したというのだ。

❖ 部下は上司の背中を見ている

別にあなたに「会社のトイレ掃除をせよ」とは言わない。

しかし本来は部下がやるような「普通、人がやりたがらない仕事」であっても、自分から率先して完璧にする姿勢を背中で見せることで、部下から尊敬を受け、またその行動を自発的にとらせることができる。

この会長は日ごろ話すことのスケールが大きい方で、**「仕事はお金儲けするだけではダメだ。仕事を通じてより立派な人間になるという目的が大切だ」**と常々おっしゃっていたが、上司の人間性が立派であってこそ、それに組織の人間が感化されて成長し、会社自体が伸びていくのだ。

口だけでなく、**自分自身が周囲にとって「こういう立派な人になりたい」というロールモデルになれてこそ、周囲の尊敬と支持を得ることができる**のである。

上が緩めば、組織の士気が急降下

――自分が一生懸命であってこそ、まわりがついてくる

「うちの会社はヒエラルキーの強い組織ではないのだから、上の役職の人も、下っ端がやるような仕事、自分で手を動かすような仕事をもっとやってほしい」

「アレックスは、ダーティーな仕事（チャート作成などのエクセル作業をはじめとした面倒な作業のこと）はすべてほかの人に押し付け、自分は楽しい仕事しかしない」

これはダメな中間管理職につきものの、年末の360度評価のシーズンに部下から受ける典型的なフィードバックである。

部下につまらない仕事をすべて押し付け、自分は重要な仕事をやるならまだしも、世の中には部下にアウトソースしているだけで、たんに自分は遊びほうけている人も

少なくない。

とくにヒエラルキー構造の厳しい組織では、平社員、課長までは超ド級につまらない資料を自分でつくるために多忙を極めるが、その上の部長くらいになると、面倒な仕事は部下に丸投げし、よく見ると自分は何もやっていない人も結構多い。

彼らは毎日オフィスに来ても新聞ばかり読んで、仕事にもならないのに自分が仲のいい友達と、仕事か遊びかわからない謎のミーティングをダラダラと繰り返す。

こういう「働かないオジサン」になってしまった二流のサラリーマンに限って、好き放題に部下をこき使い、面倒くさい仕事はすべて部下に振るだけ振って、さっさと帰宅するのである。

❖口を出すばかりの上司では、部下の士気は下がって当然

上司が怠けていて、口を出すばかりで何も仕事をしていないと、部下の士気は下がって当然だ。

たとえば、戦国時代か何かの戦争で王様や将軍が安全なところに一目散に逃げて、

部下に「いざ出陣、進め～～!!　……拙者は後ろに下がっているけど」と叫んだところで誰も本気で出陣しない。それと同じで、**指導者自らが先頭に立って全力で戦っていないと、部下が全力で働くわけがない**のだ。

私はいままでのキャリアでさまざまな会社の再生案件に携わってきたが、**組織の変化は、やはり社長自らが背中で何を見せるかにかかっている**。

経営のトップが死に物狂いで働き、いちばん朝早く出社して最後まで働き、タイトなミーティングおよび出張スケジュールで時間を無駄にしない姿勢を背中で示す。すると、部下もそれに倣って自発的に切迫感をもち、自己研鑽に励むものである。

【章末コラム】

【二流】200人中、200位の最低評価を受けたダメ上司

――部下から信頼されない上司の悲しい末路

「う、う……うちの会社の仕事は、ラグビーとは違うんやで!!」

私の記憶の中にいる二流の上司は、とにかく仕事をしない。自分では仕事をしないで、自分がやらなければならない仕事をたんに部下に振りまくる。

その様子はまるで、五郎丸選手もビックリのラグビーの試合のようだ。ボールが来たらそれを受け取り、瞬時に他人に向かって放り投げる、それくらいのスピードでとにかく仕事を全部他人に振るのだ。

彼らは基本的に、「仕事は他人をレバレッジする（他人の努力を梃《てこ》にして、自分はラクして稼ぐ）ものだ」と考えており、長年のぬるま湯環境から、「自分が働くなんてとんでもない！」と

潜在的に思い込んでいる。

こういう「ラグビー上司」は、仕事の中でもやりがいのある面白い部分だけ自分でやって、つまらない仕事、何の勉強にもならない仕事、面倒くさいだけの単純作業は部下にさっさと振る。そしてもちろん仕事が成功すればすべて自分の手柄にし、失敗すれば公然と部下を批判するのだ。

ただしこのような仕事のやり方を周囲は厳しく見ており、たいていはまわりからサポートを受けられずに最終的には自滅することが多い。

これは実在のケースだが、某大手多国籍企業で世界各国の200人のディレクターからパートナーを選ぶ評定があったとき、この上司はじつに200人中200位という最低の評定を食らったのだ。

新たに導入された360度評価で、その人がいつもオベッカを使っている上司からの評価はよかったものの、その下で働く人の、じつに全員から最低の評価をもらい、ズタズタに批判されて社内最低評価を獲得した。

そしてそのマネジャーはまもなく、会社を去る羽目になったのである。

❖部下からのサポートがなければ、上に行けない

以下は某日系証券会社で働く後輩の体験談だが、彼いわく、**一流の上司は、お客だけでなく社内の部下を含めたいろいろな人のキャリアアップに配慮するから周囲からサポートを受けられる**という。

これに対し、鳴かず飛ばずで終わる人は、自分は働かずに部下に仕事を押し付けているばかりで、総じて部下から恨まれ、足を引っ張られるというのだ。

実際に彼自身も腹立たしい上司から振られる仕事には、あとで判明するミスを時限爆弾のように仕込んだりして、陰でこっそりと復讐しているという。

二流の上司に対しては、隙あらばその寝首をかこうとしている人が、虎視眈々《こしたんたん》と反撃の機

会を狙っているものだ。

四方八方から支えられる人と、四方八方から足を引っ張られる人が戦ったとき、どちらが勝つかは火を見るよりも明らかなのである。

第4章の ポイント

誰に対しても丁寧に接する

44 タクシーで偉そうにしない [→P230]

誰にでも丁寧に接しているか？　職位で対応を変える人は、大成しない。

45 謙虚に頭を垂れるから、稲穂が実る [→P233]

謙虚に頭を垂れているか？　たいして偉くない人ほど、大げさに威張る。謙虚さこそが、一流と二流の分岐点である。

信頼を大切にする

46 信頼を失うリスクに、ナーバスになる [→P237]

信頼を第一に考えているか？　どれほど人から信頼されているかが、リーダーシップのサイズを決定する。

47 賢い嘘つきより、バカ正直が出世する [→P241]

悪い情報は自発的に開示しているか？　失敗したときの対応が透明で正直であってこそ、「信頼回復のリカバリーショット」を打つことができる。

48
仕事相手の長期的利益を尊重する――「信頼の貯金」をせよ【↓P244】

「短期の利益」より「長期の信頼」を優先できているか？　信頼と人を大切にし、相手の利益を尊重する姿勢が長期的信頼関係を構築する。

部下を尊重する

49
部下に敬意を表する【↓P247】

「部下を大切にする企業文化」を醸成しているか？　「部下を尊重する企業文化」は、会社の組織力を強めるうえで、強烈なパワーを発揮する。

50
冠婚葬祭での対応で、人間関係が大きく変わる【↓P252】

部下のプライベートを尊重しているか？　仕事のコマとしてではなく、人間として尊重していることを示そう。

部下に得をさせる

51
部下の市場価値を上げる【↓P255】

あなたと働いて、部下は何か得をしているか？　部下の自己実現を助け、その市場価値を高めよう。

52 カネを払ってでも、部下に面白い仕事をさせる【↓P258】

部下に面白い仕事をさせているか？　時には利益や効率を犠牲にしてでも、部下に面白い仕事をさせよう。

部下を成長させる

53 日陰の仕事もきちんと評価する【↓P261】

部下を褒め、モチベーションを高めているか？　周囲からは見えにくいが重要な「日陰の仕事」にも光を当てよう。

54 「ザルの上司」にならない【↓P264】

部下を引き締められているか？　「簡単にはごまかせない」という緊張感が、部下を育てる。

55 成長させてくれた上司への忠誠心は強い【↓P267】

あなたが会社を辞めるとき、誰が一緒についてくるか？　部下と客を連れて辞められるかどうかで、勝負は決まる。

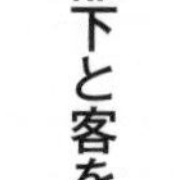

【規範を背中で示す】

56 上司の背中を見て、部下は育つ 【↓P270】

組織のトップが、言葉ではなく身をもって模範を示しているか？　リーダーのコミットメントが、部下のモチベーションの源泉。

57 先陣を切って出陣しない大将には、誰もついていかない 【↓P273】

面倒な仕事を部下に押し付けていないか？　トップが緩んでいると、組織はガタガタに崩壊する。

【章末コラム】

58 部下に仕事の丸投げばかりしない——200人中、200位の最低評価を受けた「ラグビー上司」からの教訓 【↓P276】

面倒な仕事ばかり、部下に押し付けていないか？　部下からのサポートがなければ、中間管理職から上には上がれない。

第5章

一流の自己実現

——自分を知り、自分を自由にする

みなさん、まあ手を伸ばし深呼吸してリラックスしていただきたい。よくぞここまで、お読みくださった。楽しい時間には終わりがあるもので、いよいよ最終章である。じつはこの最終章を書くのに最も長い時間がかかったのだが、それほど「自分と向き合う自己実現」の章には、とくに注意深い自分探しの思索が必要だったのだ。

人生を見つめる瞑想にはインドがいちばん、というわけでもないが、私はこの最終章を、友人の結婚式で訪れているインドのデリーで執筆している。

留学先でインド人留学生が多かったためインド人の友人が多いのだが、彼ら彼女らは結婚するたびに1週間近くの大パーティーを開催し世界中から友人を呼ぶので、私の最近の休暇はほぼすべてインドの結婚式に消えているのだ。

インドの結婚式は世界中から留学時代の友人が集まるいい同窓会になっており、久しぶりに会った友人と話すと、さまざまな分野で幸せなキャリアを実現しており、いろいろと刺激を受けることが多い。

友人の中には、卒業後に入ったコンサルティングファームで長期にわたり活躍し、その会社で最年少パートナー（経営者）になった人もいるし、新卒で入った投資銀行で同僚が皆独立していく中、長年一社に勤めつづけて取締役になっている人もいる。

またコンサル等を離れ、シンガポール国立大学からINSEADに来ながら写真家になったシンガポール人、コンサルティングファームを離れてシンガポールでワインチェーンのベンチャーを始めたフランス人、スタンフォードを出てINSEADで学び、自分の趣味のヨガを広めるNGOを始めたアメリカ人など、十人十色に自分の好きな道を切り開いている。

ビジネス以外の世界に自己実現を見出す人も少なくない。投資銀行を辞めて社会企業家になった人もいるし、ハーバードのMBAまで出て家で小さなカフェを開いている人や、外資系金融機関を離れてパン屋さんを開業した人もいる。

なかにはケンブリッジで考古学を学び、過去20年を、「なぜこの同じ形の石器が、アジアとヨーロッパのまったく違う年代の地層から出土したのか」という謎を解明することに、すべての情熱を費やした人もいるのだ。

自己実現への道——「やりたいこと」×「できること」×「社会に要請されること」

自己実現に必要な要素とは何だろうか？

ちょうど先日、赤坂の著名な鴨専門の料亭に行って、それはそれは美味しい鴨を食べてきたのだが、そこのご主人の娘さんがじつに楽しそうに働いていた。

彼女にそれほど楽しそうに働ける秘訣を聞いてみたところ、**「自分が好きで、自分ならではのよいものを出し、目の前でお客さんが喜んでくれる姿を見るのが嬉しい」**のだと言う。考えてみれば、これこそまさに仕事上の自己実現の基本ではなかろうか。

自己実現のための天職を構成するのは、総じて次の要素の組み合わせだと考えられる。

【好きなことをする】
1 好きな仕事を全部する

【周囲を巻き込む】
4 ビジョンを掲げる

【自由に生きる】
6 捨てる勇気をもつ

2 強みを活かす　5 組織をつくり込む　7 自由に挑戦する
3 使命感を活かす

自己実現できる人は、当たり前だが実現すべき「自己」を知っているし、それは強烈な原体験によって形づくられている。

彼ら彼女らは自分の強み、興味の対象がわかっているので、長期間全力で打ち込み、競争に勝つことができる。

とりわけ私が感心するのは、年収何千万円だかのかなり高額な給与と恵まれた待遇、社会的な名声を捨てて、**「一般社会から見たエリート像」への未練などみじんたりとも感じさせない**ということだ。

そして彼ら彼女らは使命感をもって仕事に向かい、そのビジョンと魅力で人を巻き込み、自由に自分がやりたいことを追求する。

最終章の本章では、私が出会った一流のプロフェッショナルの中からとくに「自己実現している人々」を数多く紹介し、そのエッセンスをともに学びたいと思う。

最強の働き方
59

【好きなことをする】

好きな仕事を全部する

やりたいことは、ひとつに絞らなくていい
——将来やりたいことは、すべてやる

「ムーギー、香港のタイクーンとか見てみろ。ビジネスをみんな10個も20個もやって大儲けしているだろう？　今後は好きなビジネスを4つ、5つは自分でやるようでなければ、割に合わない人生が待っているよ」

私がこよなく尊敬する、某大銀行グループの取締役をされていた玉津さん（仮名、58歳）。

日本の銀行員というと生真面目でリスクをとらず、型にハマったサラリーマンを想像される読者の方もいるかもしれない。しかし、私が一緒に働く機会に恵まれてきた銀行出身の方々は押しなべて豪放磊落《ごうほうらいらく》で、好きなことを何でもかんでもしており、玉

津さんもそのひとりだった。

この玉津さんが私に教えてくれた言葉は、その一つひとつがハートに深く刺さっている。なかでも思い返せば思い返すほど、自分の人生の指針になっているのが**「好きな仕事を全部しろ」**という勇気のわいてくる一言である。

私たちは会社に入ると、会社に求められる範囲のことに仕事内容を縛りがちだ。しかし、この玉津さんが上司として私に常に言ってくれたのが**「好きなことは何なんだ？　好きなことを全部やれ」**と**「5年後どうなっていたいんだ？　それに近づくことをやれ」**という言葉であった。

玉津さんは常に、同僚や部下に「何をやりたいのか」を問い、その実現をサポートしてくれた。また、「やりたいことはひとつである必要はない」と、やりたいことをすべてやるように応援もしてくれた。

普通、会社の上司だと、その上司のためになることか、会社の利益になることを指示しそうなものである。
しかし、玉津さんはご自身のためになることとか、会社のためになることは一切要求せず、**「この会社のプラットフォームを使って、やりたいことを全部やれ」**とおっしゃるのだ。

いわれてみれば、やりたいことをひとつに絞るのは多くの人にとって不自然なのに、なぜか人はひとつのことに集約しなければいけない、という教育を押し付けられることが多い。しかしよくよく考えてみれば、人生は好きなことすべてに挑戦してもいいはずだ。

「自分は何をやりたいのか」

この単純だが極めて基本的な自問が、自分自身の一流の仕事への出発点である。
この自問をせずに、世間体だけを気にして一流企業に入ったところで、自動的に一流のプロフェッショナルになれるわけがない。
自分がやりたいことを知らなければ自主的に一生懸命働くわけはなく、結果的に一流の仕事も自己実現もできないのである。

【ミニコラム】

「エリート・トラップ」に注意せよ

私のMBA時代の友人で、卒業後も2年間仕事をせず、ゆっくり自分が何をしたいのか考えつづけていた人がいる。

彼女はスリム美女コンテストに出場したら間違いなくグランプリを獲得するであろう、マッチ棒よりも腕が細いくらいの細身の香港ビューティーだが、弁護士一家に生まれ弟も弁護士で、本人もオックスフォードを卒業している才女である。

「家が金持ちで余裕があるからだろ!」と突っ込みの声が読者の皆様から聞こえてきそうだが、まあ落ち着いて聞いてほしい。

世の中には別に生活に困ってもいないのに、むしろ人生をあと100回やっても使い切れないほど家が金持ちなのに、「何をやっているの?」と聞かれたときに「一流大企業で働いています」と言いたいがために、世間体を気にして好きでもない仕事に忙殺されているエリートたちも結構多い。

ためしに週末、疲れた表情で深夜2時ごろに六本木のクラブに入ってくるクレリックシャツの若者に、「何の仕事をしているの?」と聞いてみよう。

彼は目を輝かせて「待っていました!」とばかりに、**「いんべすとめんとばぁーーんく!」**（投資銀行）とそれはそれは誇らしげに答え、つかの間の優越感に浸ることだろう。

ただこれは大変もったいない話で、そもそも生きるために仕事をしなくてもいいという稀《け》有《う》な恵まれた環境にいながら、安っぽい世間体のために自分の自由と人生を資本市場に差し出すという、**いわゆる「エリート・トラップ」にハマってしまっている二流のエリートがたくさん存在する**のだ。

もちろん食べていけず貯金もなく、かつ自分の意志次第で働けるのに、他人に頼るのは、たいそう困った人である。

しかしそうではないのに、やりたくもない仕事を世間体だけのためにやっていると、結果的に自分を見失ってしまうのだ。

❖「何をやりたいのか」悩みつづけて当然

自分が本当にやりたいことを探すのは、多くの人にとって大仕事である。

悩める子羊の方々は、ほっと気が軽くなるかもしれないが、じつはいわゆるグローバルエリートのみなさんやビジネスリーダーの方でも、人生で何をやったらいいのかわかっていない人がほとんどだ。

「将来何をやりたいのか」という問いに力強く即答できる人なんてほぼいないし、いまやっていることに悩みがないと断言できる人もほぼいない。

そもそも人生は悩み事の連続で、「何をしたらいいのか」という啓示を得るために、多くの人が宗教的信仰を必要とするのである。

しかし、多忙さや答えのなさを言い訳に、この「悩むプロセス」を飛ばして仕事を選んでも、最終的にはろくなことにならない。

正解はないのが基本だと割り切りつつも、少しでも自分が納得できること、自分がやりたいことに近づいていく不断の自己分析が重要なのである。

かのお釈迦さまは6年間も苦行されて菩提樹の下で悟りを得られた。まして凡人である我々は、せめて大きめの観葉植物でも買ってその下で、毎日自分の心と向き合う習慣が大切なのだ。

万物は流転する。自分の心の望むもの、向かう先も変わっていくので、その都度それに意識を合わせるためにも、日々自分の心に向き合う必要があるのである。

天職なのか、モラトリアム職（天職を探すための自分探しの仕事）なのか、無職なのかそれは人それぞれだが、**一度しかない人生、自分のやりたいことに向き合う「自分を知る試み」を忘れないようにしたい**ものである。

最強の働き方
61

天職からは、引退無用
──「ハマれる仕事」が人生の機会費用を高める

「引退しない人は、死なないのです」

ベルリンはインターコンチネンタルホテルで開催されたある会議で、世界的に有名な巨大投資ファンドの創業経営者である金融業界のレジェンドが若い人に伝えたい教訓として語った一言が、この**「引退しない人は、死なない」**というものだ。

彼はその洞察に満ちた講演を、「生物学的な反論がいくつかあるのは承知していますが、『好きな仕事を引退しない人は死なない』ということを申し伝えて本日の講演を終わりたいと思います」という一言で結んだのである。

考えてみれば、死後はどうせ意識はないので、死の瞬間まで「ハマれる」仕事をして充実した人生を送れれば、実質的に永遠の命と言うこともできるであろう。

「ハマっている」というのは、とりもなおさず一日の間で、それをやっているときが断然ハッピーで、昼夜を忘れて熱中してしまうような状態だ。「ハマれる仕事」とは、土日・祝祭日にやってもまったく苦でなく楽しい、進んでやってしまう仕事のことである。

私でいえば、好きな本やコラムの原稿を書いているとき、まさに「ハマっている」状態になる。

朝起きるとすぐ机に向かって何か書くし、ほかのことをしていてもインスピレーションがわくと、すぐにパソコンを開いて書き出す。たとえばこの原稿を書いているいまもインドネシア上空を飛んでいるが、仕事以外の時間はほぼ執筆に費やしている。

通勤時間や早朝散歩でも、自分の書いた原稿を読みながら、右手に赤ペンをもって推敲しながら歩いているくらいだ。

私がいま恐れている死因の第1位が道端できれいな女性に見とれているうちに車にひかれることであり、第2位が原稿に目をとられているうちに道端で車にひかれることである。

何事も自分がハマっていることをやっていると、好きなことだけにほかの人よりもこだわりが強くなり、結果的に完成度が高くなるのだ。

ちなみに、天職の次点が「めちゃくちゃハマれる趣味」である。

平均寿命が延び、退職後の時間を持て余す人が今後増える中、仕事にならなくても、自分がハマれる趣味があるかどうかで人生やその人の魅力は大きく変わる。

思えば大金持ちだがつまらない人は多いが、好きなことを熱狂的にやっている人でつまらない人はほぼいないのである。

❖「好きなこと」をして、人生の「機会費用」を高める

ちなみにこれは余談だが、趣味であれ仕事であれ、好きで得意なことをもてば、自分の人生のクオリティが格段に高まる。

ひとりでそれをやっている時間の充実度が半端なく高いので、友達と夜な夜なクラブに出撃したり、中途半端な合コンに誘われたりして時間とお金を無駄にすることがなくなるのだ。

言い換えれば、天職かハマれる趣味をもつというのは、自分の時間の大切さ、人生の限られた時間の「機会費用」を高めることを意味する。ひとりの時間の幸福度が高ければ高いほど、「ベンチマークとなる人生の機会費用」が高まるのだ。

企業価値の上昇が資本コストを上回る利益を生む投資にあるのと同様、言い換えれば**人生の機会費用を上回る時間の使い方をしてはじめて、あなたの人生価値がさらに高まる**のである。

最強の働き方

62

強みを活かす

勝てる分野で勝負する
——好きでも向いていないことに、人生を賭けない

「お前の強みは何か、それを活かして仕事をせなあかん。人の弱みは治らんし、治ってもその分野で強い人には勝てん!」

これは私が若かりしころ、尊敬する先輩がそれはそれは美味しいフカヒレスープを飲みながら私に教え諭してくれた金言である。

たしかに人には強み、弱みがあり、学校でも得意な科目と苦手な科目があったものである。しかしなぜか、**「人生の不得意科目」で生涯にわたって勝負している人が多い**のだ。

先ほど書いたように、ハマっていることがたまたま仕事として通用する場合は、これほど幸せなこともないだろう。

しかし、「自分はハマっているが向いておらず、客を満足させられず、競合に勝てないこと」に、「カッコいいから」と憧れて、すべてを投げ出すことだけは避けなければならない。

たとえば笑いのセンスがないのにお笑いが好きで漫才修業に邁進《まいしん》するなどがこれにあたるが、これは人生がドツボにハマってしまうので、絶対にやってはいけない。

私はこの項を書くためにわざわざ京都の祇園花月に吉本興業の漫才を見に行ったのだが、桂文珍師匠クラスになると、もはや人間国宝級である。

師匠がもっている生来の笑いの才能に加え、何十年の間に磨き上げた品格溢れるたたずまいと一言一言で、瞬時に会場中を支配する力に私は深く敬服した。

これに対し、笑いのセンスがないのに笑いを仕事にしようとして周囲を不幸にする人は、残念ながらどこの国にも存在する。

インド人の友人、シャーディル（仮名、32歳）は、100キロをゆうに超える巨体で、赤いエキセントリックなフレームの眼鏡をかけている。

彼はインドでテレビ局のアンカーマンを務め、その後MBA取得を経てメディア企業へのコンサルティングを、インドネシアを拠点に行っている。

ところが、どう大目に見てやっても、その笑いのセンスが疑わしいのだ。

私が留学していたINSEADでは、学生が素人の域を超えたかなり完成度の高い出し物をする、「INSEADキャバレー」というイベントがある。

そこで私はシャーディル発案の、テニスの試合を題材にした謎のスキット（寸劇）に駆り出されたのだが、ボリウッド並みにいきなりダンス（しかもカンナムスタイル）が始まり、まったく意味不明で、企画段階からリハーサル、そして本番でも誰もクスリとも笑わない。

笑っていたのは紛れもなくシャーディルひとりで、憐れみの拍手と愛想笑いに散発的にあったものの、出演者、観客すべてを不幸にしたのだ。

さらに驚いた事件が起こったのは、皆がそのトラウマを消化して忘れかけていた3年後である。

久しぶりに連絡を寄こしてきたシャーディルが、こともあろうに動画をネットに上げて、「いい思い出だったな！　この高度な笑いを理解するには精神年齢が高くないといけない。凡人にはわからないが、最先端を行っている笑いだぜ！」などと皆にURLを送りつけてきたのだ。すぐに消すよう、私が懇願したのは言うまでもない。

笑いのセンスのない人が笑いを仕事にすると、周囲の人が全員、末永く不幸になる。そのうえ、当の本人はその自覚すらないのである。

これはあらゆる職業に当てはまる常識だが、**「好き」だけで仕事を選んではいけない**。

才能があり、努力も誰よりもでき、ライバルよりこだわりがあって一流の仕事がで

きるという「強み」がなければ、趣味にするか仕事にするかの線引きは厳格にしなければならないのだ。

これは言い方を変えれば、**「自分の強みを知り、それを最も活かせる仕事を知り、そんな仕事がなければ自分でつくり出す」**ことが大切だということだ。それでこそ、「自分の強みを極める」天職にたどり着ける。

簡単な一言で締めくくると、**自分の仕事を振り返って、自分よりよくできる人がいくらでもいるようであれば、あまりその職に長居してはいけない**ということである。

【ミニコラム】

無気力ニートが確定申告をするまで

――「ハマる仕事」で人生が変わる

重ね重ね、「好き」と「得意」の組み合わせが天職だと思う。そしてひとつのことに熱中しやすい「オタク気質」の人ほど、いざ天職にめぐりあうと常人にはマネのできない集中力と持続力を発揮して「自己実現」を達成するのだ。

次に紹介するのは、私の幼馴染で、頭はいいのだが労働意欲がなく、10代にして早々と資本主義に嫌気がさして仙人のような生活を京都の鴨川のほとりで送っていた男、バコやん（仮名、38歳）の実話である。

彼は京大一家に生まれ、父も兄も京大で、自分自身、英語と論文だけで入れる経済学部後期入試でやっと京大に滑り込んだ男である。

頭はいいのだがまったく生への執着がなく、長年の浪人と長年の留年生活の果て、最初についた仕事は市役所のゴミ収集のバイトであった。

その後も彼はパソコンのインストラクターやマグロ漁船のバイトなどを転々とし、家賃1万5000円、風呂なしトイレなし、一部は壁までない相当ユニークな家で、実質的に隠遁生活を送っていた。

そんなバコやんがその才能を発揮できる転機となったのは、まさに偶然のめぐりあわせであった。

私が後輩の就職相談に乗っているとき、たまたま社会人数年目のバコやんがそこに居合わせた。金融業界の話をその後輩にしていたところ、バコやんも金融業界に興味をもちはじめ、30にして金融業界の門を叩いたのだ。

しかしバコやんにはキャリアらしいキャリアがなかった。結局、ようやく入れたのは経歴不問の謎の中小金融会社で、しかも非正規社員という極めて不安定な身分であった。

ここからがすごいのだが、最初は株のトレードで損を出しまくっていたバコやんも、先物取引や外貨取引、デリバティブトレーディングやロングショートを覚えてリスクをヘッジし、さまざまな金融商品にトレード技術を横展開する楽しさを覚え、まさに寝ても覚めても、トレーディングに熱中する生活に足を踏み入れた。

元来のゲーム好き、パソコンオタクにおあつらえ向きの業務内容に、バコやんは「高校のときに三国志のゲームで諸国を制覇して国力のスコアを上げたのと同じ興奮」を覚えたという。

もとよりお金に執着はないので稼いでも稼いでも1円も浪費することなく、いまでは会社を代表するトレーダーのひとりに成長し、ここ3年は安定的に確定申告をする身分にまでなった。

彼はお金のためというより、トレーディングで稼ぐお金をゲームの得点だと認識して、昼夜を問わず熱中している。本人によると、**この仕事がなくなったら生きていく自信がなく、ほかにやりたいことを見つけられる自信もまったくない**という。

迷うことなく自分の強みと興味を活かせるただひとつの仕事をもつ人は、強い。

それがたとえ「トレーディングのお金儲けは、ゲームでスコアを獲得するのと同じで楽しい」という他人には理解しがたい自己実現のあり方であろうと、本人は幸せなのだ。**自分がハマることができる充実した時間を、熱中して過ごせる「天職」をもつ人には、かなわない**のである。

日ごろゲームばかりしているオタクの方は、ハマりやすく熱中しやすい。よっていったん経済活動でハマる役割を与えると、たんなる失業ニートから業界のエース級に大変身する可能性をもっている。
今後、オタクの活用が「経済成長の第四の矢」の要になる日も近い。

最強の働き方

64

使命感を活かす

「存在意義」をかけて働く
――「自分が働く理由」に納得する

「20代の最初、自分はカナダ系韓国人として何ができるのかを考えたのです。まさに自分のアイデンティティーにまつわる問いでした」

航空産業の盛んなカナダの名門大学で飛行機エンジンの開発技術などを学んでいたアンドレ(仮名、32歳)は、カナダ人でありながら韓国人でもある自分とは何なのかを問いつづける多感な青春時代を送っていた。

そんな中、軍事・民間の双方で先進技術を擁する北米の航空産業を学んで、もうひとつの母国である韓国の航空産業が「北米に比べれば幼稚園レベル」にあることを痛感。そして、カナダの大学や航空会社で学んだことを韓国市場に引っ張ってくるというアイデアに、「これしかない！」と強く確信したという。

その後、フランスでMBAを取得、イェール大学で修士課程を修了したのち、某著名多国籍企業の国際幹部養成プログラムに入り、アジア・太平洋地域の航空会社に飛行機のエンジンを提供およびリースする職務についている。

彼はこの「一流の自己実現」の章に登場いただきたくなるほど、日々充実し、楽しそうで、まさに「自己実現の真っ最中」という感じなのだ。

アンドレはどちらかといえばいじられキャラで鈍感で図々しく、待ち合わせには30分は必ず遅れてくる。かつ、出張のたびにビジネスクラスのシートを白々しく平静を装ってフェイスブックに投稿して小さな自慢をする、日常生活では突っ込みどころ満載の男だ。

そんなとぼけた天然キャラの彼は、自分がしている仕事、こと航空産業の話になると目の色が変わって著しく情熱的になり、聴く者を圧倒するオーラを放つ。

「なぜそんなに仕事に情熱的になれるのか？」と彼に聞いたところ、本項の冒頭のセリフ、そしてそれに続く**「この仕事に打ち込むことは自分のアイデンティティー、自分の存在意義に関わる問題だから当たり前。また私にはやりたいことがコレしかありません」**という力強い答えが返ってきた。

当然のことながら、使命感をもって仕事をしている人は、たんに食い扶持《ぶち》として仕事をしている人に比べて主体性が極めて強い。また明確なビジョンがあるため、次から次へとやりたい仕事がわき出てくる。そのため結果的に会社でも評価が高くなる。

このように、**「自分が何のために仕事をしているのか」という理由に納得している人は、グリット（最後までやり抜く力）が強い。**社会的大義のために「仕事と情熱が自分を選んだ」という使命感があるため、長きにわたって情熱を燃やしつづけられるのだ。

アンドレはフランス留学時代に話したときから、将来は韓国の国土交通省にあたる組織で長官になり幼稚な航空行政を北米レベルに高める、と豪語している。

普通なら「大言壮語の大ホラ吹きめが」となるのだが、この確信に満ちた情熱を前にすると、「そんなにめっちゃくちゃやりたいなら、お前にやってもらうか」と応援したくなるのである。

自分のモチベーションの源泉と「働く理由」に対する深い自己認識が、自己実現できるキャリアをもつための重要な基本なのである。

最強の働き方
65

原体験を忘れない
——自分の価値観・問題意識の原点を見つめる

「そのがんばりの源泉というか、がんばるきっかけ、原体験は何なの？」

「カンボジアでマイクロファイナンス事業を立ち上げ、それをスリランカ、ミャンマーなどに展開し、将来は70カ国にその事業を広げ、あと1兆円ファンドレイズ（資金調達）する」と静かに、しかし力強く話すのは、私が尊敬する慎泰俊《しんてじゅん》氏（本名、35歳）である。

彼は朝鮮学校に通い、朝鮮大学からファイナンスを勉強するために夜間の早稲田大学にバイトしながら通ったというユニークな経歴の持ち主だ。

本人いわく、かなりお金のない家で育ったらしい。なんとか切り盛りしながら食いつないできたが、どうしても金融を学びたくて勉強し、晴れて早稲田大学の入学資格を得たものの、いかんせん入学金と授業料が払えない。

「あと1週間以内に学費を振り込まなければ入学資格が取り消される」という切羽詰まった状況の中、日ごろは家族のために他人に頭を下げることを一切しなかったアボジ（父の意）が人生ではじめて周囲に頭を下げ、学費の120万円をかき集めてきて「勉強して来い」と一言静かに加えて渡してくれたという。

そのときの痛いほどの感謝と感激が、「人生を変える大切なお金に、必要なタイミングでアクセスできる金融を貧しい人にも広めたい」という彼の原動力のひとつになっている。

彼はその後の2006年、早稲田大学で金融を学びながらモルガン・スタンレーでパートタイムのバイトの仕事を得ることができたが、極めて異例なことにその働きぶりが評価され、6カ月で正社員に登用された。

その後入った超名門のプライベート・エクイティ・ファンドでも4年間働き、退社するときには社員、経営陣から「余人をもって代えがたい人」との非常に高い評価を受けていた。そして数多くのサポートを受けつつ見事に昔からやりたかった貧困国でのマイクロファイナンスの事業を立ち上げたのだ。

彼は2030年までにあと1兆円を集めるといっている。

これだけ聞くと頭のおかしい若造の白昼夢で、普通なら「道端で出会ったら目を合わさず反対方向に速足で歩いていかなければならない困った人」になってしまう。

しかし彼の強烈な原体験から来る思いの強さ、ブレのなさ、ビジョンの大きさには、「その夢、応援してやりたい」という気持ちを周囲に呼び起こす力があるのだ。

「必要なときに、人生を変えるお金へのアクセスをもたない貧困層」が世界に25億人もいることに強い問題意識をもったのが、その後の人生の原点になっている。そこから活動内容は形を変えても、原点への思いは1ミリもブレたことがない。

原体験の力、強しである。

自分自身に強烈なエネルギーをわき起こさせる原体験をもつ者は、道の途中で手にした贅沢な暮らしに甘んじることなく、自己実現に向けて突き進むことができる。**自分の原点を忘れない人は、ゆるぎない信念でその志を形に変えていく**のだ。

【ミニコラム】

解雇されたプロ野球選手に学ぶこと——天職でなくても尊い仕事

ここまで「天職を探せ、強みと興味を活かせ、好きでない仕事を捨てよ」などと書いてきた。

しかし私は別に「そういう仕事だけが尊いやるべき仕事だ」とは言っていない。世の中にはやむをえずやっている仕事でも、それに対する思いと意味合いでこのうえなくかけがえのない仕事がたくさんある。

「何のために働いているのか」という目的が、仕事の内容以上に重要なこともある。

たとえば毎年特集番組が組まれる「戦力外通告されたプロ野球選手」のその後のドキュメンタリーは、自分の適性や志向に関係なく、家族を養うために第二の人生に打ち込む姿の尊さを教えてくれる。

自分の適性が何だろうと、とにかく生きていくために、また家族を養うために好きでもな

い、得意でもない仕事を一生懸命なさっている方々が大半なのだ。

自分の天職を探す以前に、果たさなければならない責任もある。

家族をまったく顧みず、自分ひとりでミュージシャンや芸能界デビューの夢を見て、「自分の好きなことを何よりも優先する」というのは一般的にいえば順序が間違っており、**まず責任を果たしたのちに天職うんぬんをいうべき**であろう。

労働以外に自己実現を目指す生き方もある。価値観が多様化する現在、いわゆる「スローライフ」を選ぶのも本人の自由だ。

もちろん経済的に立ち行かなくて他人の世話にならなければならないのに「私はスローライフを選ぶ」というのは、他人のハードドライフに依存しているので褒められた話ではない。

しかし「自己責任でまかなえる」という前提条件を満たしているなら、スローに生きようが、苦手で好きでない仕事をしようが、それは本人の自由であろう。

また、天職は目指して得られるものでなく、目の前の仕事に打ち込んだ結果、それが天職になることもある。名人芸の域に達している多くの人にとって、最初はその人の天職とは思えなかったことも多いのだ。

たまたま進んだ道で長らく努力する間に、ほかの人よりできるようになり、仕事も評価されるようになり、結果的に天職になった、というケースはいくらでも存在する。

そして一緒に働く人が誰なのかが自分の天職にとっていちばん大切という人もたくさんいるだろう。

本書ではこれまで「自分の強みと興味を活かして、天職で一流の仕事をして自己実現したい」というキャリア・自己実現志向の人向けに書いてきた。しかしだからといって、決してこのような生き方を押し付けているわけではない点を強調しておきたい。

最強の働き方
67

【周囲を巻き込む】
ビジョンを掲げる

「高い目線と志」に人・カネ・社会がついてくる
――自分の「社会的使命感」(Social Cause)を掲げる

「これやったら、たんに出来損ないのハゲタカ投資家と思われるだけやわな。社会の何のために何を成し遂げたいのか、自分にとっての『社会的使命感(Social Cause)』が何なのかを考えて打ち出してみ?」

これは私がまだ駆け出しのころ、某著名投資家にあるビジネスプランをもちかけたときにいただいたお説教である。

投資家の中でもスタートアップを応援しようという金持ちのみなさんは、もはや追加的にお金を稼いでも仕方ないから、自分のお金が社会貢献の一部になるようなアイデアを求めている、というのだ。

この、「社会的意義を掲げて人とお金を惹きつけること」は、じつに多くの巨大な会社の急成長の原動力になってきた。

先日も、ここ10年で株価を20倍以上に上昇させている某・数兆円アパレル企業の著名経営幹部の方に、地方のアパレル会社に優秀なマッキンゼーのエース級人材が集結し、業績も奇跡的な伸びを達成できた理由を聞く機会があった。

すると彼は、**「『日本を代表する企業だ』『今世紀を代表する企業だ』『最先端（Cutting Edge）の企業だ』と自然に思ってもらえるような一流の仕事をする企業をみんなで目指したからこそ、やりがいも誇りもあり、人も集まった」**という。

また商品に自信があったので本気で世界一になれると思っていたし、5年後に5兆円の売り上げになるには逆算して何をしなければならないかを淡々とこなしていったというのだ。

お金儲けだけに目を血走らせている若い衆に申し上げたいのが、「私はこれをやってお金を儲けたいんです！」だけでは、誰もあまり応援する気は起こらないということである。

結局のところ、**「この問題を解決したい」「こんな会社をつくりたい」という強烈な**

原体験や、そこから来る「社会的使命感（Social Cause）」がなければ、人もお金もついてこないのである（もちろん高い志だけでなく、現実と折り合いをつけながら行動していく柔軟な実行力も大切なのだが）。

スタートアップで失敗する人の共通の問題点は、「事業を始めるときの、小銭を儲けることしか考えない目線の低さ」だ。

これに対し、競合に先駆けて一歩抜きん出た「業界のリーダーになる人」は、事業を通じた社会的意義の大きさと志の高さで、最初から勝っているのである。

【ミニコラム】

猫も杓子も、ビジョナリー・カンパニー

――一流の会社を目指すから、一流の人材が集まる

最近、猫も杓子も「世界一の会社を目指す」と言い出している気がしないだろうか。

実際に私の友人も「世界一の経済メディアを目指す」「世界一の旅行会社を目指す」「世界一のエンターテインメント会社を目指す」などと、最近会う人は全員、「世界一」を目指しているようである。

最先端のイメージを出すためか、「宇宙に行きたい」「宇宙ビジネスをやっています」などと言い出す人も増えてきた。

また、目指す規模を聞くと、「30年後に1兆円」という人が非常に多い。あたかも世界一の1兆円企業を目指さないと、スケールの大きい人間だと思われないという危機感があるかのようだ。私も対抗して、本書の印税目標は宇宙全体で1兆円とでも吹聴してみようか。

さて、その中身を見てみると、たしかに世界一になりそうな、前述の慎さんのように立派な人もいれば、どうも東京一どころか、港区一さえ眉唾な人もいる。そして六本木一どころか、果てには「六本木一丁目の一」という「たんなる住所みたいになっている人」も少なくない。

しかし、「世界一を目指す」と公言してみること自体には一定の効果がある。

じつはこれに影響されて、私も「本書は世界一の本を目指す」などと宣言してまわることにした。ここだけのハナシ、「世界一を目指します」と宣言すると、「ついに狂って、ホラのサイズだけ世界一」などと後ろ指さされないよう、自律的にがんばるようになるものである。

総じて一流の人には、**自分がナンバーワンになりたいという「これだけは他人に負けたくない分野」**がある。

何をすればその分野でナンバーワンになれるのかを考え、それを会社の行動指針として浸透させ、実際に常に改善を重ねるのだ。そしてそのような**一流の存在を目指してこそ、一流の人材が集まる**のである。

名著『ビジョナリー・カンパニー』に、**「バスの走る方向を決めて人を集めるのではなく、素晴らしい人を集めてバスの走る方向を一緒に決める」**と読める一節がある。

一見、逆説的だが、立派で大きく、高いビジョンのほうが、ちんけで小さいビジョンより実現しやすい、というアイロニカルな真実がここにある。

そもそも具体的に事業を始める前に、インスピレーション溢れる大きなビジョンを掲げられるかどうかで、集まる人材の質は変わってくるからである。

最強の働き方
69

組織をつくり込む

自分がいなくても回る組織をつくる
——自分より優秀な人を集め、気持ちよく働く動機づけをする

「人ってどんなに優秀でも、ひとりでできることは本当にちっぽけなんだよね。ほかの人の力と合わせて、はじめて面白いことができるものだと思ったほうがいいよ」

これは私がいままで一緒に働いた中でも、聡明さではピカイチという上司が、会議の冒頭で話した一言だ。

ここまで自分を知り、ビジョンを掲げることの大切さを一緒に考えてきたが、絵に描いた餅で終わる人と、実際にその餅をつくって食べることができる人の「実現能力」の差は何か。それはひとえに、**「自分より優れたベスト・タレントを集められるか」「人を動機づけられるかどうか」「人を巻き込めるかどうか」**に尽きる。

自分のビジョンを実現できる人は、なんといっても人の力を自分のビジョンのため

に使うのがうまい。彼ら彼女らは自分よりよっぽど優秀な人物をパートナーや顧問、社員として集めて、自分のビジョンに対するパワフルな支援の輪を広げていく。

人を「使う」のがうまい人は、周囲に得をさせることに気を遣う。

人は善意だけでは助けてくれないことを知っており、そのため長期的にWin-Win Situation（相互互恵的）になるような関係を構築する。**最初は相手の善意で一方だけが得する関係が始まったとしても、長期的なメリットが認識されていないと多くのことは長続きしない**からだ。

言い換えれば**人と協力関係を築ける人は、短期的に搾取しようとしない。逆に長期的に双方にとってメリットのある協力関係を提案し、誠実に実行することができる**のだ。

❖ビジョンを共有し、あとは任せる――任せられない人の組織は、大きくならない

強い組織をつくるには、チームメンバーの自発的な判断に任せることが大切である。

「人に任せないと人の力をレバレッジすることはできないし、結局大きなことはで

きないよ」と以前、尊敬するボスに言われたことがある。

人の力をレバレッジするには、ビジョンを共有できている人に、自発的に動いてもらわなければならないし、そのためにもビジョンや価値基準、理念の共有が重要なのである。

このために、各自の自主的判断の基準となる「指導的理念」を徹底的に共有する。これはどのような状況でも総じて当てはまるが、人に協力してもらうときに大切なのは、まずもって**ビジョンを一緒に考えて相手を巻き込む**ことである。

自分で考えたこと、自分で言い出したことであるように議論を誘導し、オーナーシップをもってもらうことで一緒に働く人のモチベーションが変わる。

時には**この仕事をすることが他人の自己実現ではなく、自分の自己実現だと思ってもらう**ことが大切なのである。

❖ 自分がいなくても機能する「仕組みづくり」がリーダーの仕事

何より、**リーダーの役割はプレーヤーと異なり、ビジョンを示して、それを実現す**

る「仕組み」をつくることだ。

私の尊敬する経営者がすごいのは、日ごろ、ほぼまったく働いていないことであった。これをもって「怠けている」と批判するのはお門違いで、自分がいなくても会社が回る仕組みを見事につくり上げたことの証拠である。

リーダーの仕事はビジョンを掲げ、お客や人員、資金といったリソースを調達することであるのはいまさら私が書くまでもない、よく聞く真実である。

なかでも中枢幹部の人選を間違えると、投資でもビジネスでも何でも、そのインパクトは取り返しがつかないくらい大きい。そもそも**勝負の大半は、戦略の良し悪しより、人選の良し悪しで決まってしまう**のだ。

プレーヤーも働かなければ、まさに誰も働かない困った会社だが、トップの究極の仕事は、ビジョンを実現する組織・仕組みをつくり上げることなのである。

【ミニコラム】

仕事相手に得をさせ、相手に気持ちよく働いてもらう人だけが、大成する

わが母、ミセス・パンプキンは私の人生全般に口出しをするのだが、なかでもよく言って聞かせてくるのが**「仕事は、多少自分が損しても、まわりの人に得をさせないと大きくならない」**ということである。親戚を見渡しても、事業が長期的に成功して大きくなっている家は、総じて誠実で、自分だけが得しようとしないというのだ。

何か他人と仕事をするときは、**欲や打算、損得の計算があるのは自分だけではなく、相手も同様にあることを忘れてはならない**、と口を酸っぱくして言う。その配慮ができない人はしばしば前言を撤回するので、**「この人とは共同作業できない」**というオーラをものすごく**放つ**のだという。

たしかにどの業界を見渡しても、事業を大きく拡大して幅広い支持を得ているリーダーは、「この人と一緒に仕事をしても、ぼったくられることがない」という安心感・信頼感を与えていることが多い。

これに対し、自分のアイデアに誰もついてこない、ないしすぐに人が離れていく人の特徴は、**何でもかんでも自分の取り分を大きくして、相手に「得をさせよう」という発想がまったくない**ことだ。世の中の投資ファンドの多くで、長期間繁栄している組織は上にいる人が、下の社員にもきちんと利益を還元する。

これに対して一瞬だけ大きくなって、やがて人が次々と離反して滅びていく組織は、上のほうの人々が利益を独占していることが本当に多いのだ。

わが母、ミセス・パンプキンが私を戒めて言う言葉のもうひとつが、**「大きくなる人は、一緒に働く人を気持ちよくノセる」**ということである。

彼ら彼女らは、**人に動機づけをするのがうまく、一言でいえば人をうまくノセて気持ちよく働かせ、「お前のためならがんばる」と思わせるのがうまい**。

一緒に働く人を褒めるし、感謝するし、コミュニケーションの仕方も相手の自尊心を大切にするよう細心の注意を払うのだ。

そしていかに自分が与えてあげた仕事でも、決して「俺がやった仕事や」などとは決して言わない。「いい仕事をやってくれて、ありがとう。あんたたちがいなかったら、これはできひんかった」と、とにかく一緒に働く人の気持ちを大切にして、「この人のためなら、がんばりたい！」と思わせる力があるのだという。

人に動機づけをするうえで大切なことは、ほかにもたくさんある。相手が納得できるようになぜその仕事が大切なのか、丁寧に説明することも必要だ。また自分自身がいちばんがんばっている姿を見せることで、まわりの人に「ついていこう」と思わせるのも基本である。人は論理で考え、感情で動く生き物なので、感情的な要素を軽視しては組織はまとまらないのだ。

このように、一緒に働く人のモチベーションをあの手、この手で高め、「あなたのためなら、ひと肌脱ぐ」という状況をつくり出せてこそ、自分のビジョンの実現に他人の協力を取り付けることができるのである。

最強の働き方

71

【自由に生きる】

捨てる勇気をもつ

出家するエリートと、駆け落ちするエリート
——仕事よりも大切なことを知る

「えっ、あのひと、出家したん??」

これはシンガポールの某巨大ファンドが突然、世代交代したときの実話である。

剛腕投資家で知られるアンドリュー(仮名、48歳)はシンガポール有数の巨大投資ファンドの創業者だったが、ある日突然、出家するといって辞めてしまった。いろいろ

な理由で儲かる仕事を手放す人は多いが、出家って、また……。

世の中にはこれ以外にも、驚きの理由で莫大な富を生み出す仕事を手放す人がいる。あるとき、中国の著名経営者であるラウさん（仮名）が、資金調達で何百億円か集めたあと、すべてをなげうって不倫相手と愛に生きる、とのメールを投資家一同にまわして突然辞任し、駆け落ちしたことがあった。

さすがに中国の業界紙でもすぐにニュースになったが、ラウさんは年収が10億円を超えるポジションをなげうって、40代後半のマダムとともに愛に生きるというのだ。

いきなり出家したり、会社を捨てて駆け落ちしたりするほど極端でなくても、自分にとってお金や仕事より大切なことを知ることは非常に大切である。

言い尽くされていることだが、**仕事は人生のためにあり、人生が仕事のためにあるわけではない**。

幸運にも仕事が好きで好きで仕方ないかもしれないし、川島なお美さんのように死の直前まで舞台に上がって「女優であることこそが私の人生のすべて」と確信をもっ

て働ける幸せな方も一部いる。

しかし、本当は人生を大切にしたいのに仕事に追われて仕事マシーン化している人も、決して少なくないのではないか。

私たちはいまの仕事を「何のためなら」辞めることができるだろうか？

「自分の仕事よりも大切なことは何か」という自問は、過去のキャリアにとらわれず自分に大切なことを追い求めるうえで、はずせない基本なのである。

最強の働き方
72

「金の手錠」をはずす
——5年で死ぬなら何をするか

「えっ、あいつも辞めるの？」

これはミレニアル世代（1980年代中盤から2000年に生まれた、キャリア選択で自己実現をより重視する世代）の特徴だが、結構ラクで楽しい仕事をしていて、労働時間も決して長くないうえに何千万円ももらっている人たちが、その誰もがうらやましがる仕事を簡単に投げ捨てることが少なくない。

彼ら彼女らは年収が大幅に下がる仕事、ないしお金が入ってくるか定かでない仕事に身を転じるのだ。

そして異口同音に、「かねてからやりたいと思っていたことを追求したい」と言う。

その中のひとりに「こんなに儲かる、誰もがうらやむ仕事をなぜ投げ出すのか?」と聞いてみたところ、「私には子どものころからやりたいことがはっきりしている。

同じゴールドマンにいても、やりたいことが明確な人は自分に必要な知識や人脈、スキルを身につけて転身する。これに対し、自分が好きなこと、やりたいことがない人は『仕事がつまらない』と愚痴を言いながらも、お給料がいいものだから辞められないし、そういう人がほとんど。私はそういう人生を送りたくない」というのだ(この状況を「Gold Cuff」、つまり「金の手錠」という)。

人気企業のリクルートで大活躍した若手の出世頭だったのに、次に何をするか考える前にとりあえず辞めたという友人も二人いる。

彼女たちが言うには、どうしてもやりたいわけではない仕事でもそれなりに面白く、それなりに活躍することもできたという。

しかし、それなりに出世すると毎日自動的に流れてくる仕事に忙殺されるようになるので、自分が何をしたいのか、自分に向き合う時間がないという理由で退社したというのだ。

そのとき、親に「そんなリスクの高いことをするな！」と怒られたらしいが、そのときに自然に出てきた言葉が**「私にとっての最大のリスクは、このまま会社にいて、それなりの幸せで終わってしまうこと」**だったという。

あと5年で死ぬなら、何をするか？

私の友人であるとき突然、名門金融機関でのキャリアを投げ出して、ペルーの恵まれない子どもたちへのボランティアに参画し、リマでの生活を選んだ女性がいる。

どうやらある人が「あと5年しか生きられないとしたらどうしてもやりたい5つのことを、すぐにしなさい」と助言してくれたことに感銘を受けたらしい。

彼女いわく、人間の選択ミスの大半は「人生がいつまでも続く」という幻想が生む緊張感の欠如に起因する。

逆に「時間が限られている」と深く認識すれば、多少儲かるけれども好きでもないことに、ダラダラ時間を費やせないのである。

「自分は人生で何を達成したいのか」

「何のためにその仕事をしようとしているのか」

この問いは就職活動や留学時の出願エッセイなどで一生懸命考えたはずのことだが、しかし結局のところ人生を通じて自分が何をしたいのか探しつづけるものである。

さあ、ここで自問してみよう。「あと5年しか生きられない」と考えたとき、自分が「金の手錠」に縛られず、どうしてもやっておきたいことは何だろうか?

最強の働き方 73

【ミニコラム】

仏さまと、イグアノドンの教え

私はいま、ミャンマーはバガン（旧パガン）の近くで広大な湖と美しい仏塔を眺めながら、このコラムを書き綴っている。

「キャリアの死生観」を書くうえで私が最近経験した3つのインスピレーションの源を共有させていただこう。それはインドのスラム、ミャンマーの寺院、そしてなんとビックリ、イグアノドンの化石である。

先日、インドのムンバイにある最大のスラム、ドービーガートの中を、くちゃくちゃにな った本書の原稿とペンを握りしめて立ち読みしながら散歩していた。

目の前では薄暗い寿司詰め状態の建物群に、おびただしい数の人が生活している。ハエのたかった魚が地面に敷かれた新聞の上で売られ、やせ細ったおじさんが自転車をこぎながら、

そのタイヤの回転を使って刃物を研いでいる。道を歩けば子どもたちやおばさんが寄ってきて、お金をせびってくる。

本書の冒頭でも述べたが、私は世界中で人と会うたびに、「いま書いている本は、目の前の人たちが読んで意味のある汎用性の高い本かどうか」と自問しながら本書を執筆してきた。しかしさすがにどう考えてもこのドービーガートでは、ヒンドゥー語に翻訳してもまったく需要はなさそうである。

それくらい、世界には仕事もキャリアも自己実現もへったくれもない人生の人が大半だ。日々の生活で精いっぱい、会社で働き、自分が何をやりたいか、何をできるか考えるなんて夢の夢、という人が何十億人と存在するのである。

これに対し、本書をお読みの方々はどうだろうか。長時間労働を、面白いともいえない仕事で強いられている方もたくさんいるし、なぜ人生がこんなに苦しいのか嘆かれている方も多くいることであろう。しかしそれでも、私たちのいる社会は機会に満ち溢れたものであることを思い起こしたい。

ドービーガートや世界中のいろいろな場所を回っていると、私たちがどれほど生まれつき恵まれた環境にいるのか実感できる。インターネットに簡単に接続できて、読み書き計算ができて、家があるというだけで、人生、かなりの儲けものだ。世界的に見れば相当恵まれた、がんばればいろんなことに挑戦できる環境であることを思い起こしたい。

人は希望で生きる存在だ。多くの人にとって何よりもつらいのは、お金がなくなることではなく、希望がなくなることだ。希望をもち、それをかなえるために前進することが、前向きに生きるということである。

希望などと生易しい言葉を出せないような環境にいるという方もいるだろう。しかしどれほどつらくても、自分を励まし希望をもつことが、幸せになるために自分が担うべき責任なのだ。

「悲観は気分で、楽観は意思である」とは、よく言ったものである。

2つめは、ミャンマーの寺院群だ。

ミャンマーのスーレーパゴダには、お釈迦さまが啓示を受けたときの物語が記されているが、そこには私を含め多くの人の人生観を規定する、象徴的なストーリーがある。

お釈迦さまは弱冠29歳のときに、老いた人、病気の人、そして遺体を同時に見て、人生はこれらの苦しみから逃れられないものであるという強い認識をもたれた。そして6年もの間、苦行され、人生に関して悟りを開かれたのである。

仏さまによると**「人生は苦痛に満ちたもの」**であり、すべては変化し、滅びゆく運命にある。その肉体的・精神的な苦しみの中で心に平安を見出すためのさまざまな教えが仏教なわけだが、この教えは当然、多くのキャリアにも当てはまる。

仕事も人生も、何かを欲する限り、悩みは尽きないものである。

仏教では極楽浄土が描かれるが、心の迷いを絶ったその仏さまの表情はじつに静けさと安らぎに満ちたものである。この「楽」という状況は、欲望から解放されてはじめて得られる悟りの境地だ。

たまに会社の中でも、出世を諦めて「もう仕事はがんばらなくてもいい」と悟ってしまっている人がいる。しかし欲望を肯定する以上は、悩みと苦しみもセットで受け入れるのが基本形である。

キャリアで悩んでも**「そもそも人生の目的や自分の使命など、一生悩みつづけるのが当たり前」**くらいに思っておこう。「悩まない人生は、俗世を捨てて出家する人生を覚悟しない限り、望むべくもない」と受け入れれば、気もラクになるであろう。

最後の3つめはお待ちかね、イグアノドン先生の登場である。

私は最近、永遠の時について、深く考えさせられる買い物をした。とある道端にあるお店で太古の化石が売られており、その中からイグアノドンの骨の化石を買ったのだ。

じつに1億3000万年前のイグアノドンだと書かれているが、その真偽は別にしても、地球が約46億年前に誕生したことを考えると、この石を構成する成分は1億3000万年前にも何らかの形で存在していたことは確かである。

1億3000万年——強気に見積もって仮に自分が100年生きたとしても、その100倍の時間でやっと1万年。そのさらに1万倍以上の時間を経ているのだから、人生のいかに短いことか。私たちの人生は、悠久の時の流れの中で、一瞬だけ輝く花火みたいなものだろう。
それならば、**その一瞬の花火を少なくとも美しく、力強く輝かせたい**、と思わないものだろうか。こう考えると、つまらないことに時間を使っている場合でもないし、自分が最高に楽しめる人生にしないとバカらしい、と思えてくるのだ。

私は何もみなさんに、イグアノドンの化石を買えとは言わない。あまり使い道がないので、もしよかったら私のイグアノドン、買ってくれたら嬉しいのだが、このくだりでお伝えしたいインスピレーションをまとめると、以下の三点である。

人生は苦難に満ち溢れているのが基本形だ。しかしそれでも、私たちは数多くの機会に恵まれている。それでいて人生は極めて短く、この一瞬の花火を美しく輝かせずに後ろ向きでネガティブなことに時間を浪費していては、あまりにももったいない。

「人生はわずか一瞬である」という人生観をもったとき、たいていのことは小さなこととして笑い飛ばせるようになり、「前向きで楽しいことに頭と時間を使おう」と自然に思うものなのである。

最強の働き方
74

自由に挑戦する

Now or Never
――いま挑戦しない人は、ずっと挑戦しない

「ムーギー、いまやりたいことをやらなければ、絶対に後悔するぞ？　俺はComfort Zone（自分にとって快適な領域）から抜け出すために留学した。その後、大企業に戻ることは、せっかく抜け出た場所にもう一度戻るということだ。それなら、留学する必要はなかった」

シンガポールはホーランド・ビレッジの週末ブランチで熱く語るのは、エジプト出身の天才プログラマー、ジョー（仮名、33歳）である。ジョーはＩＢＭのソフトウェアエンジニアとして8年のキャリアを中近東およびアフリカで積んだのち、ＩＮＳＥＡＤに留学してフランスで出会った私の友人である。

留学時代は丸刈りだったジョーはいつのまにかパーマがかかった長髪のヘアスタイルに変わり、日ごろのジム通いの成果か、肩幅もすっかりアリスター・オーフレイム（オランダの格闘家）みたいになっている。

ジョーは天才ソフトウェアエンジニアで、幼少期にテレビゲームをやっていたとき、「もっと面白いゲームを自分でつくりたい」と発奮して独学でプログラムを学びはじめた。

エジプトの大学でコンピューターサイエンスの分野で教鞭をとる父の影響を受け、家に置いてあった当該分野の本を勝手に読んで学んでいったというのだから、親の影響と家に置いてある本の影響、恐るべしである。

ジョーは8年間、ＩＢＭで過ごして順調に昇進する中、快適な生活が自分の足かせになるのを恐れて枠を壊したいとフランスに留学し、この私と出会った。

彼はマイクロソフトやグーグルなどから魅力的なオファーを数多く受けたが、「大企業に戻るのであれば、別に留学する必要がなかった」とオファーをすべて断った。

ジョーは「挑戦するなら、いましかない。失敗しても大企業に戻ればいいだけなので、リスクはない。**Now or Never（いま挑戦しないと、結局いつまでも挑戦できない）**なんだ」と私に力強く語りかける。

Now or Never——この「快適な領域」にとどまるか、いま飛び出してさらなる飛躍を目指すか。

これは善悪ではなく選択の問題だが、**「自己実現への意欲」が強い人は、総じてこの「快適な領域」から飛び出る勇気をもっている**。

この一歩踏み出す勇気こそが、アイデアだけ立派で終わる人と、ビジョンを実行して自己実現する人の違いを生んでいるのだ。

【ミニコラム】

何歳になっても、青春はある

——引退したあとも、挑戦を続ける人々

私の知っている元外交官の話だが、60歳間際に退官したあと、なんと地方の大学の医学部を受け直して史上最高齢の医師国家試験合格者になった人がいる。

アフリカなど途上国で現地の劣悪な医療状況に胸を痛めた彼は、外交官を退官後、悠々自適の引退生活を送るでもなしに、医学部の受験を始めたのだ。

何十年も前の大学受験では名門ソウル大学に首席クラスで入った方だが、さすがに60歳にもなると記憶力も衰え、受験勉強は容易ではない。それでも地方の中堅大学の医学部に見事合格し、医師免許獲得に向けて熱心に勉強に打ち込んできた。

このような話は彼に限らない。世の中には60歳になっても70歳になっても、過去の延長線ではない新しいことに挑戦する、インスピレーション溢れる人たちがたくさんいるのだ。

最高齢の司法試験合格者などの報道を時折、目にするが、何歳になっても高い目標をもってがんばっている人が増えている。**引退する年になっても、「新たなやりがいを探して挑戦を続ける人」**は少なくないのである。

私が知る世の資産家の中には、すでに巨万の富を築き上げて普通なら引退モードの状況と年齢になっても、それこそ「65歳を超えたいまから新しい会社をつくろう」という、アントレプレナーシップ溢れる還暦越えの方々もいらっしゃるのだ。

先日、一流プロレスラーとして名を馳せた、小橋建太氏と某ビジネス誌の対談でお会いする機会があった。そのときに印象的だったのが、**「人は何歳になっても青春を過ごせる」**という一言である。

これまでの人生のすべてを大好きで誇りであったプロレス

という仕事に注ぎ込み、ついに引退することとなった。そこで人生のピークを終わらせず、新しいことへの挑戦をやめない限り、何歳になっても青春時代を過ごせる、とおっしゃるのだ。

自分の殻を打ち破る人は、「すでに引退する年なんだから」「いままでやってきたこととまったく違う畑だから」などと世間が押し付ける殻に閉じこもったりはしない。

自己実現できる人とは、自分や他人が押し付ける殻の中に納まらず、何歳になっても自分の青春を生きられる人のことを指すのである。

最強の働き方

76

自分を自由にする
——世間体に惑わされず、自分に正直に

「自己実現するって、自分を自由にするってことじゃないかな」

これは新橋のたまたま入ったビルの一室にある、魚がそれはそれは美味しい和食屋

さんで、私の留学時代の友人・マリ（仮名、28歳）が呟いた一言である。

私が、この本がついに完成間近であることを話し、最後に読者の皆様に伝えるのにふさわしいメッセージについて相談していたところ、彼女がふと答えた一言が不意に私のハートを貫いた。

「自己実現とは、自由になることだと思うのね。人生、いろいろ苦労して勉強し、経験も積み、責任も大きくなってくるけど、どんどん不自由になっていくのが大半の人生だから」

彼女いわく、5年前の自分に聞いても、10年前の自分に聞いても、20年前の小学生のときの自分に聞いても、自分がやりたいことは方向性として同じ、「世界中の旅行者を楽しませること」であった。

幼少期に過ごしたニューヨークの国際的な環境と、楽しかったいろいろな国の人とのホームパーティーの体験から、自分にとっては「国際的な環境で、旅行者をもてなすこと」がキャリア上の至上命令になった。

とにかく幼少期から世界中のさまざまな国の人を家でもてなすのが夢だったので、その目標が常にブレることのない軸をつくってきたのだ。

❖「やりたいこと」×「できること」×「社会に要請されること」

ちょうど本項を書いていたとき、日本を代表するベンチャーキャピタリストであり、私の長年の友人である高宮慎一さん（本名、39歳）に「自己実現するキャリア」についてお話を伺う機会をいただいた。私の同世代を見渡したとき、最も充実して幸せそうなキャリアを積んでいるのが高宮さんだからだ。

高宮さんは外資系コンサルティングファーム勤務時代、当時は**「何をやりたいか」ではなく「何ができるか」ベースで仕事をしていたため、大いに悩んだ**という。

その後、ハーバードビジネススクールに留学した当初は、「アート・デザインを活かしたコンサルティング」に一歩を踏み出したがさまざまな事情で頓挫した。

しかしヘッジファンドやベンチャーキャピタルなど複数のインターンを経験する中

で、企業を育てて成長させるベンチャーキャピタルの仕事こそ、自分がやりたくて、よくできて、社会に要請される仕事だと気づいたという。

高宮さんは「自己実現できる天職の三要素」として**「①自分がやりたいこと」「②自分ができること」「③社会に要請されること」**を挙げ、天職はベン図でそれが重なり合った場所にあると語る。

なかでも最も大切なのは①で、そもそも「自分がやりたいこと」を基軸に仕事を探すことが重要だと力説する。

好きなことであれば、ほかの人よりいろいろ工夫をするようになるし、自然と努力も継続し、おのずと一流の仕事ができるようになるからだという。

じつはこのベン図の話はスタンフォード大学の著名教授が提唱した有名な絵で、「高宮さん、これ、受け売りじゃないですか?」と突っ込んでみたところ、本人いわく、ご自分のほうが大昔から提唱している、とのことである。

高宮さんは、自己実現できる仕事を得るには、「好きなこと」の中から「お金(仕事)

になること」「社会に求められること」を探していくことが長期的に大切だと力説する。

人生は「自己満足」劇場
——他人の期待より、自分らしい人生

多くの人にとって、簡単で単純な質問なのに突き付けられるといちばん困るのが、「あなた、いったい何をしたいの？」という根源的な問いではなかろうか。

自己実現をするには、当たり前だが自分の効用関数（自分が満足するための決定要因）を知る必要がある。また時とともに実現したい自己も変わるので、結局常に自分を見つめ直す習慣がなければ、自己実現などできるわけがない。

人の判断や思考・行動とは多くの場合、まわりが自分に期待している職業上の役割をこなす、ロールプレイをしているだけにすぎない。そんな周囲からの期待や自分の思い込みのために、自分の人生でありながら、自分のために生きられないことが多いのだ（もちろん他人の期待にこたえ、他人を満足させることが自己満足だという生き方も、尊重されなければならないのだが）。

他人の価値基準と期待を満たすために生きていると、誰が自分の人生を生きてくれるのだろうか。むしろ自分でなくても生きられる人生なら、別に自分でなくても、他人に生きてもらえばいいのである。

「人生は自分にとって何が大切で、何が幸せなのかに気づいた者勝ち」と、以前たまたま見たテレビ番組でニューヨークのモデルさんが言っていたが、マリや高宮さんの話を聞いて、この言葉を思い出した。

本当の自己実現とは、自分を自由にするということで、それは自分の幸せを自由に追求するということなのだろう。

ここで自分の胸に手を当てて、5年前、10年前、20年前という過去の自分、そして5年後、10年後、20年後の未来の自分に「何をやりたいの?」と聞いてみよう。

本書が、ご自身の人生を大切に生き、自分らしい最高の仕事をするきっかけになれば、著者の望みどおりの喜びである。

【章末コラム】

二流の私は、一流のみなさんをつなげて生きていきます

私はこの最後の章末コラムを、これまたインドで書いている。

本章を書きはじめたのは結婚式で訪れたデリーだったが、この章の終わりは別の結婚式で訪れたムンバイで書いている。こんなこと白状すると私は年がら年じゅう、インドの結婚式に参列しているような印象を与えるかもしれないが、それはあながち間違ってはいない。

（ちなみにこれを書いているそばから、この冬もデリーで別の結婚式に呼ばれてしまった）

いまこれを書いているのは、この壮大な結婚式の最大のイベント、バラートでターバンを巻いて踊り狂った翌日である。

私はいま、ムンバイはタージ・プレジデントホテルのロビーで早朝にインドの民族衣装を着てインドの伝統古楽を聞きつつ、筆を走らせている。今回、さまざまな分野で活躍する同

窓生と会って深く再認識したのは、世の中には本当に多様な生き方があり、それを選択するのは自分自身の責任だということだ。

今回の結婚式に集まったメンバーもそれはそれは多彩だ。多少長くなるが、その多様性をイメージしてもらうために、やや羅列することをお許しいただきたい。

ギリシャの大手銀行で頭取の側近として経済危機の中でかじ取りを行う元コンサルタントのリアンカ。マッキンゼーのジェノヴァオフィスで医薬業界のコンサルを行うアンドレア。ロンドンのグーグルでチャリティー担当をするジャネット。

ダブリンのファミリーオフィスで世界中に投資するカルロ。オーストリア人なのになぜかコロンビアのベンチャーで働くフィリップ。

ムンバイで建設・不動産会社を創業していつのまにやら空港のファーストクラスラウンジも運営するようになったルシャヴ（ちなみに彼の結婚式だ）。

パキスタン人でインドに来るのが恐ろしく難しかったが、大使館に6回出向き、毎日警察に通うという条件でこの結婚式に参加した、シンガポール在住のカリ。

スペイン人なのに中国語ペラペラで、中国のバーガーキングの拡大を担うラファエル。中東のイーライリリーでマーケティングを担当するアラブ人のカリッド。

ロンドン在住のナイジェリア人で、プライベート・エクイティから今度、アフリカの小学校のソーシャルベンチャー（ビル・ゲイツ財団などに支援されている）に転職するダニエル。

INSEADを主席で卒業し、イギリスの投資会社で働くアンドリュー。

イラク系イギリス人で、中東でエンジェル投資家とベンチャーをつなぐプラットフォームを立ち上げたフィリップ。

そして、最近ほぼすべてのインド人の結婚式に皆勤賞で参加している私、ムーギー・キムなど、私以外はこれでもかというくらい皆、さまざまな分野で活躍している。

前置きが長くなったが、世界に視野を広げれば、世の中にはそれはそれは多様な仕事があり、がんばっても到底かなわない豊かな才能をもつ人がたくさんいることがわかる。

世界中にいる超優秀な彼らに才能の面でも努力の面でも勝てる気がしない私は、彼ら彼女らをクラウド・プロフェッショナルとしてつないで、さまざまな機会を創出することに情熱を燃やしている。

❖私が読者の皆様と一緒にしたいこと

私はぜひ、この分厚い本を最後まで丁寧に読んでくださった親愛なる読者の皆様とも、コラボレーションさせていただきたいと思っている。

いちばんありがたいのは、「この優良な会社、後継ぎがいないから信頼できる投資ファンドに売却して事業承継をお願いし、ガバナンスの強化と成長を支援してほしい」という物好きな社長からの案件の持ち込みである。また、「この優良な子会社を切り離して独立企業として一本立ちさせたい」というスピンオフ案件も、ＯＫ牧場だ。

ただ、同じようにありがたいのが、私が諸々の調査・インタビュー・アンケートを実施したり、さまざまなプロジェクトチームを組成するときにいろいろ知見を提供してくださる方だ。私は書籍やコラムを執筆するときには膨大なアンケートやインタビューを行っているので、ぜひ以下の本書特設サイト（www.moogwi.com）もしくは私の著作用フェイスブックアカウント（https://www.facebook.com/francehongkongsingapore）にアクセスし、簡単なアンケートにご協力いただければ幸いである。

ちなみにそこでは、各コラムのこだわりの秘話や、おまけコラムも書いていくつもりなので、ぜひ訪問していただきたい。

そして私が本書を契機に成し遂げたいのが、本書をお読みのみなさん同士でいろいろ面白くやりがいのある仕事をする、パラレルキャリア・プラットフォームづくりだ。

これを書いている前日、プリンストン大学を出て米系大手投資ファンドで働くオーストラリア人の友人、ジャック（仮名・35歳）と話していた。ジャックいわく、いちばんの心配事は50歳になって「お金は10億貯まったけど、やりたいことも趣味もなく、いまの仕事以外何もできることがない」人生になってしまうことだという。

「自分が働くファンド業界は、過去20年の成長期の波に乗った創業者は成功したが、すでに出来上がっている産業なので、この延長線上にキャリア上の大成功はない。これは自分のようなディレクターレベルが共通して抱えている課題だ。

今後は本業で稼ぎつつも、お金は儲からなくていいから、勉強になって、社会的意義を感じる、やりがいのための仕事もしたい」というのだ。

近年、このジャックと同じようなことをいっているプロフェッショナル（このようなグループを、便宜上ジャック・プリンストンと名付ける）が非常に多い。

私は長年、世界的なファンドやコンサル、金融、多国籍企業、法曹界などで働く友人とさまざまな「面白いプロジェクト」を持ち寄りいろいろ趣味で行ってきた。そこで驚いたのが、各自が本業で培ったスキルや人脈を、「自分がやりたい×できる×社会に必要とされている」

という「自己実現プロジェクト」ベースで集めてプロジェクトを走らせると、皆見違えるほど楽しそうに、それはそれは熱心に働くということだ。

やはり結局のところ、「自分が何をやりたいのか」に関する深い自己認識があり、それに「貢献できるスキル・人脈・リソース」をもつ人が集まれば、多くの人が自己実現できる機会を提供できるのである。

そこで、「私もジャック・プリンストンだ!」と思われる方や、法人の方で「このような面白いプロジェクトを世界中のグローバルプロフェッショナルたちに発注したい」という方は、ぜひwww.moogwi.com にアクセスしていただければ幸いだ。

仕事の常識は今後、大きく変わっていく。今後は個々人が自分が培ったスキルや知見、世界中の人脈をネットワークでつなげて、チームをつくって起業したり、さまざまなプロジェクトをする人が増えていくだろう。

会社だけの仕事に縛られず、自由に自分のスキルや興味を活かすことができれば、その経済効果は計り知れないばかりか、多くの人の「自己実現」の手段も多様化するだろう。

多くの人にとって自己実現ができるかどうかは、自分が楽しめて貢献でき、自分の価値を実感できる仕事を、本業にかぎらずボランティアを含めたパラレル・キャリア等で、もてるかどうかにかかっているのだから。

そんなさまざまなプロジェクトのいくつかを、本書をお読みいただいているみなさんと立ち上げる機会が訪れる日を、楽しみにしています。

（ただし、すごく面白くて儲かる仕事に限る〈キリッ〉）

第5章の ポイント

好きな仕事を全部する

59 **好きな仕事は全部する** [↓P290]

「やりたいことを、ひとつに絞る必要がある」と思っていないか？　このご時世、パラレル・キャリアで多様な自己実現を目指すのが基本である。

60 **「エリート・トラップ」に注意せよ** [↓P293]

「世間体の罠」にはまってないか？　他人の価値観に縛られて仕事を選ぶと、「自分の人生」を生きる人がいなくなる。

61 **天職からは、引退無用** [↓P297]

引退したくないような仕事や趣味をもっているか？　好きなことを熱狂的にする人は、退屈な人生と無縁である。

強みを活かす

62 **勝てる分野で勝負する** [↓P300]

自分の不得意科目で戦っていないか？　好きでも向いていないことをすれば、皆が不幸になる。

63 「ハマる仕事」で人生が変わる──無気力ニートが確定申告をするまで［→P304］

「ハマる仕事」をしているか？ 仮に天職でなくても、「ハマれる趣味」をもつ人は強い。

【使命感を活かす】

64 「自分が働く理由」に納得する［→P308］

アイデンティティーにかかわる仕事をしているか？ 存在意義をかけて働く人には勝てない。

65 自分の原体験を忘れない［→P312］

自分の価値観・問題意識の原点を意識しているか？「自己認識（self-awareness）の強さ」が、「自分自身にとっての成功」につながる。

66 志だけでは食べていけない──解雇されたプロ野球選手に学ぶこと［→P315］

天職にこだわって、優先順位を見失っていないか？ 天職でなくても、尊い仕事はたくさん存在する。

ビジョンを掲げる

67 「高い目線と志」に人・カネ・社会がついてくる ［↓P318］

社会的使命感を掲げているか？　大きく、斬新で、社会的に意義のある事業を掲げるからこそ、多くの人が応援してくれる。

68 目標設定の段階で負けない――猫も杓子も、ビジョナリー・カンパニー ［↓P321］

大きな目標を掲げているか？　一流の会社を目指すから、一流の人が集まる。実際に何をやるかは、集まった人次第だ。

組織をつくり込む

69 自分より優秀な人を集め、仕事を任せる――他人と長期的な互恵関係を築き、パートナーの力をレバレッジする ［↓P324］

自分より優秀な人材を集められているか？　双方に長期的なメリットのある関係を構築し、自分を勝たせてくれる人に仕事を任せて、自分がいなくても回る組織をつくるのが、リーダーの仕事だ。

70

共に働く人をうまく動機づけ、得させる［↓P328］

仕事相手に得をさせ、気持ちよく働いてもらっているか？　万策尽くして、周囲の動機づけをすることが、組織づくりの肝である。

【捨てる勇気をもつ】

71

仕事以外の人生を大切にする——出家するエリートや駆け落ちするエリートからの教訓［↓P331］

仕事よりも大切なことを意識しているか？　人生では、仕事以外のプライベートの成功を考えることも重要だ。

72

「金の手錠」をはずす［↓P333］

それなりのお金と、それなりの幸せに縛られていないか？　あと5年の命なら何をしたいかを考えよう。

73

人生、悩みつづけて当たり前——仏さまとイグアノドンの教え［↓P337］

人生の短さと無常を認識しているか？　人生という「一瞬の花火」を力強く輝かせよう。

自由に挑戦する

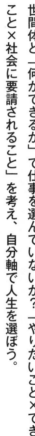

章末コラム

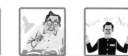

世界中のグローバル・プロフェッショナルたちに面白いプロジェクトを発注したり、さまざまなプロジェクトにクラウド・プロフェッショナルとして参画されたい方は、本書に記載されているコンタクト先まで、ご連絡いただきたい。

おわりに——世界中で書き綴った一冊入魂の書

私はいま、この「おわりに」を、壮大なる達成感とともに、香港はパシフィックプレイスの「アッパーハウス」というホテルの一角で書き綴っている。

いつもながら飛行機が飛び立つ直前に香港国際空港に着くべく（ちなみに香港の某航空会社には3回も置いてけぼりをくらっている）、チェックアウト直前の時間をかけて、皆様に終わりのあいさつを書き綴っている次第である。

過去2年間、じつに30カ国以上を回りつつ、地球を何周もしながら各地で執筆してきたが、今回の本も結局、最後のあいさつは香港で書くことになった。

どうやらヴィクトリア湾の美しい青さとディムサム（点心）、とくにカニシュウマイの美味しさが、私のインスピレーションの源泉のようである。

私はこれほど時間をかけた、思い入れの強い本書の終わりのメッセージを何にすべきか、世界中を回りながら考えてきた。最後に申し上げたいのは、本書のメッセージの要約と、皆様へのお願いごと、そして感謝に尽きる。

第一に、本書の内容の振り返りをさせていただきたい。本書は、「最強の働き方」をめぐるトピックの中でも、世界各国のグローバル・ビジネスリーダーで私に深いインスピレーションを与えてくれた人々の働き方や生活習慣、考え方の視点を、体系的に一冊にまとめたものである。

最高水準の仕事をするための仕事の基本、自己管理、心構え（マインドセット）、リーダーシップ、そして自己実現のための基本という幅広く包括的な77の視点で、働き方の目線を挙げ、自己実現できる働き方を書き綴ってきた。

本書の内容は本質的かつ具体的だ。「雲の上の理想」ではなく「坂の上の現実」をコンセプトに、あらゆるキャリア段階の人に当てはまる実践的な働き方の教訓を、包括的に一冊にまとめたものである。

学歴やＩＱとは関係なく仕事能力を強化できる、「自分ならではの最強の働き方」を考える視点を少しでも提供できていれば、本書の目的はほぼ達成されている。また本書を、読者の皆様が「やりたいこと×できること×必要なこと」を考えるきっかけにしていただければ幸いだ。

第二に、読者の皆様へのお願いとして、本書を長期的にご愛読いただき、皆様の大切な方とも共有していただければ、著者冥利に尽きるというものである。

人のアイデンティティーとは自分が何にコミットしているかで決まるという。この点、私は何年たっても古くならずに新しい、普遍的な一冊を残すことにコミットしてこの一冊を書き綴ってきた。

本書をお読みいただいた方に、「何度も読み返して愛読したい」「大切な家族や友人、先輩や同僚と共有したい」と思ってもらえるような一冊を提供することができたら、それは望外の喜びではなく、狙いどおりの喜びだ。

私は本書を手にしてくださっている一人ひとりと対峙し、一緒に世界中を回っている気分で、心の中にいる読者の皆様、一人ひとりに問いかけてきた。

会ったことも見たこともない方が、たとえば福井県の電車の中で、東京都内の寝室でベッドに横たわりながら、京都のカフェで抹茶ラテをすすりつつ、数ある本の中から私の本を選び、大切な時間を使って読んでくださったことを非常に光栄に思う。また同時に、地元の田舎と私が働いてきた世界中の都市のどちらでも通用する、重要な仕事のあり方を論じてきた。

私の本は今回も、ありがたいことに韓国語、中国語でも出版されることだろう。よって私は本を書くときに、ソウルや台北の学校でこれを読んでくださっている大学生、香港の九龍駅の上のマンションでこれを読んでくださっている20代の若者、そして上海のCEIBS（中欧国際工商学院）の食堂で講義をさぼって美味しい餃子スープを食べている学生のみなさんを意識して書いている。

本書に書いたことは、国や業界を問わずさまざまな一流の仕事の基礎となる内容だ。さまざまな読者の皆様のことを想像しながら、10年後、20年後に読んでも古くならず、楽しみながら学べる本質にこだわって本書を書き綴ってきた。よって、どのような方にお渡しいただいても、お喜びいただけることであろう。

お気に入りの本や大切な教科書を一度だけ読んで捨てる人がいないのと同様に、本書もぜひ末永く愛読していただき、皆様の大切な方と共有していただければ幸いだ。

最後に、多くの方々への感謝の気持ちで本書を締めくくりたいと思う。
人は自分が世に出したい、こだわりの仕事をしているとき、さまざまな人に強い感謝の気持ちをもつものである。

本書を書くのはじつに2年以上をかけた大変な作業であったが、同時に大変楽しい時間でもあった。私自身が実感して学んできたことの集大成であり、読み返すごとにその時々のシーンと同僚、部下、上司の顔が浮かび、自分自身にとっても素晴らしい学習経験をもたらしてくれた。

並々ならぬ思い入れで2年間毎日書き綴ってきた本書だが、完成させるのは肩の荷が下りる気もするし、またさみしい気もする。ただ本書は、数多くの皆様への感謝を抜きに、完成することができない。

本書を書き終える前に、不足な点の多い私をいろいろと親身に指導してくれた世界中の上司、そして凄すぎる部下・同僚のみなさんに感謝したい。思えばたぐいまれなほど、素晴らしい人たちと、素晴らしいカルチャーの会社で働く幸運に恵まれてきた。

この場で名前を挙げて感謝の念を伝えたい方は数多くいらっしゃるが、やはり今回も本書の編集を担当してくれた大学時代からの親友、中里有吾氏に感謝したい。私からの細かすぎるこだわりや原稿修正依頼がいつまでも続いて、ほとんど永遠に終わらないかに思えた編集作業であった。あまりに私が直しつづけるのでさすがに怒らせてしまい、打ち合わせで行くはずだった寿司屋の約束が流れてしまった。これが発刊されたら、機嫌を直して連れて行ってくれるのだろうか。

長年の友情も吹っ飛び、半ば切れながらも納得の一冊を一緒につくり上げてくれたことに、心から感謝申し上げたい。

そして「ブロントサウルスのイメージが違う」「ニクソンの表情をもっと活き活きと」「私の絵が、不当に太すぎる。もっとスリムに」など、私の細かすぎる要望に素晴らしいイラストで応じてくださった、イラストレーターの岸潤一氏にも感謝の気持ちを伝えたい。

また私に世界中で書くネタを提供し、人生最高の日々を過ごさせてくれた世界一国際的なビジネススクール、ＩＮＳＥＡＤの友人たちにも感謝したい。私に多くの機会を与え、学ぶ機会をくださった私の知る限り世界最高の会社・U社のみなさんにも感謝の気持ちを捧げる。

加えて身内で恐縮だが、皆様のおかげで共にベストセラーとなった『一流の育て方』（2016年2月に発売されたミセス・パンプキンと私の共著、ダイヤモンド社）および、私のデビュー作である『世界中のエリートの働き方を1冊にまとめてみた』（2013年発売、東洋経済新報社）に引き続き、私の原稿に厳しすぎるフィードバックをくれたわが母、ミセス・パンプキンに感謝を捧げることを、お許しいただきたい。

彼女に本書の原稿を見せたところ、「ここが自慢ぽくて、嫌味ったらしい」「この横文字、わかりにくい」「まだまだ目線が高すぎて、普通はついてこれへん」「やりたい仕事を探せるのは、恵まれた一部の人だけ」「あんたの笑いはワンパターンで、もう飽きた」などと、さんざん酷評された。私の本を、アマゾンのレビューでいつも酷評しまくっているのは、ひょっとしてすべてこの母ではなかろうか。

また、最近結婚相手の御父様に挨拶に行ったときに、いまは亡き父も私の結婚式にさぞかし参列したかっただろうと感慨深く思い出し、不意に涙が溢れ出てしまった。というわけで報告がてら、ついでにわが父、ミスター・ビッグボイスにも感謝の気持ちを捧げておきたい。

さあ、また今頃、香港国際空港で「ファイナルコールトゥー、ミスタームーギー・キム」というコールが鳴り響いていることだろう。この航空会社は、今回もまた私を空港に置いてけぼりにして飛び立つのであろうか。

こんなことを書いている場合でもなくなってきたので、私は後ろ髪を引かれつつパソコンを閉じてチェックアウトデスクに向かおう。

このパソコンを閉じる前に、いちばん忘れてはならない方に感謝をもうひとつ。

みなさん、今回も読んでくれてありがとう。

私がこれほどまでに好きな執筆を続けられるのは、みなさんが読んでくださるおかげです。お読みいただき、本当に、ありがとうございました。

また次作で、お会いしましょう。

21世紀前半　とある週末の日曜日

(何十年たっても愛読される本になることを願って、日付はこう書きました)

ムーギー・キム

【著者紹介】
ムーギー・キム

1977年生まれ。慶應義塾大学総合政策学部卒業。INSEADにてMBA(経営学修士)取得。大学卒業後、外資系金融機関の投資銀行部門にて、日本企業の上場および資金調達に従事。その後、世界で最も長い歴史を誇る大手グローバル・コンサルティングファームにて企業の戦略立案を担当し、韓国・欧州・北欧・米国ほか、多くの国際的なコンサルティングプロジェクトに参画。2005年より世界最大級の外資系資産運用会社にてバイサイドアナリストとして株式調査業務を担当したのち、香港に移住してプライベート・エクイティ・ファンドへの投資業務に転身。英語・中国語・韓国語・日本語を操る。

フランス、シンガポールおよび上海での生活を書き綴った、「東洋経済オンライン」での連載「グローバルエリートは見た！」は年間3000万PVを集める超人気コラムに。

著書に、2冊ともベストセラーになった『世界中のエリートの働き方を1冊にまとめてみた』(東洋経済新報社)と『一流の育て方』(母親であるミセス・パンプキンとの共著、ダイヤモンド社)がある。

本書に関する特別連載および、事務局へのご連絡はこちらへ
www.moogwi.com
info@moogwi.com
https://www.facebook.com/francehongkongsingapore

最強の働き方
世界中の上司に怒られ、凄すぎる部下・同僚に学んだ77の教訓

2016年7月27日　第1刷発行
2016年8月22日　第2刷発行

著　者――ムーギー・キム
発行者――山縣裕一郎
発行所――東洋経済新報社
〒103-8345　東京都中央区日本橋本石町 1-2-1
電話＝東洋経済コールセンター　03(5605)7021
http://toyokeizai.net/

ブックデザイン……上田宏志［ゼブラ］
イラスト…………岸潤一
ＤＴＰ…………アイランドコレクション
印　刷…………ベクトル印刷
製　本…………ナショナル製本
編集協力………加藤義廣
校　正…………上岡康子
編集担当………中里有吾

ISBN 978-4-492-04593-0